日本国再建に向けて

巨大地震と巨大津波、加えて複数基の原発事故という人類が初めて体験した三大災害は、どのような酷い戦争もここまで破壊の限りを尽すことはあり得まいと思うような被害をもたらした。その情況の中で、被災した人々はおよそ皆、見事なまでに自らを律し、公と私のバランスを保った。愛する家族を失い、財産を失った中でも投げやりになったり諦めたりせず、勁さを保ち、他者への篤い思いやりを実践した。こんな立派な国民は、世界広しといえども、恐らく他にいない。

試練のときこそ、人物や社会、国家の真価が問われるが、今回の大災害は日本人の真価を巧まずして明らかにした。だからこそ、およそすべての諸外国が日本人を讃えた。日本人もまた、自らの中に埋もれていた勁さと勇気に改めて気づかされた。私たちがどんな国民であったか、日本人の真価は何であったかという民族の記憶が、肉親や友人を失った極限状況の中で蘇った。

同時に、この国難の中で、私たちは祖国についての根源的な問いを突きつけられた。わが国政府はなぜ、国難に当たって、事実上機能しなかったのかという問いだ。

立派な国民とお粗末な政府という対比が生じた理由について、多くの国民はすでに真剣に考え始め、そして気がついたと、私は思う。戦後わが国政府は日本国の生き残りを担保する力を他国に依存するあまり、自力で困難な局面を切り開き、乗り越えることを、ずっと、忘れてきた。依存と甘えの中に、日本国は埋没してきたのだ。大災害に直面して首相を筆頭に政府はひたすら右往左往せざるを得なかったのは当然の結果だった。

であれば、私たちはいまこそ、戦後体制と決別し、日本国らしい日本国の再建に向けて雄々しく立ち上がらなければならない。そして被災した人々の克己心と勇気が、国難を乗り越え、勁く思慮深い国家の再建は可能なのだと、全国民に教えてくれている。彼らの立派さが全国民を勇気づけてくれている。日本国の再生と、真に日本らしい価値観の蘇りを実現することが、いま、生かされている私たちの責任と義務であり、夢である。

櫻井よしこ

カバー写真　門井聡／12日、宮城県気仙沼市

被災地の一カ月

夕暮れになると、自宅跡の片づけを終えた被災者が車で避難所へと戻りはじめる。遠くに浮かぶ市街地の灯りが、より一層暗闇を目立たせる ＝４月２日、仙台市若林区

津波に飲みこまれ、壊滅状態となった南三陸町。日が暮れると、町は闇に沈み、時折走る車のヘッドライトだけが、がれきを照らす ＝４月２日、宮城県南三陸町

被災地にきょうも朝日が昇る。震災からほぼ1カ月。すべてを流し去った大津波の爪痕はまだ癒えていないが、夜明けの来ない夜はない　＝4月5日、宮城県山元町

がれきの撤去が始まり、町の中にもようやく道らしき道ができた。光の筋が力強くも悲しい　＝4月2日、岩手県陸前高田市

高度400メートルから小型の無人飛行機で撮影した福島第１原発。敷地内には、津波や水素爆発で破損した資材が至るところに散らばっている。左から４号機、３号機、２号機、1号機。２号機と３号機からは白煙が上がっている＝20日（エアフォートサービス社提供）

福島第1原発から20キロ圏内の福島県浪江町。警視庁による捜索が入ったのは地震発生から1カ月近く経ってからだった。彼らもまた、防護服を身につけている＝4月10日（パノラマ撮影）

宮城県気仙沼市の幸町4丁目付近。津波は気仙沼湾の奥深くまで押し寄せ、市内の住宅街に流れ込んできた。建物には2階まで水に浸かったことを示す線が残っていた ＝3月20日（写真はいずれもパノラマ撮影）

町長も津波にのまれて亡くなった岩手県大槌町。２階建てビルの上には隣町・釜石市の観光船「はまゆり」が乗っかっていた。釜石湾の絶景をめぐる観光コースで人気だった。津波の猛威を示すのに十分すぎる光景だ ＝3月23日

岩手県大船渡市の市内中心部。大船渡駅から伸びる道を津波が走り抜けた。後にはがれきが山のように残った ＝3月18日

岩手県大船渡市のサン・アンドレス公園付近。大船渡港を一望できる観光スポットだったが、津波が去った後はがれきに埋もれ、見る影もない＝3月18日（3枚ともにパノラマ撮影）

津波は、宮城県南三陸町の志津川病院を襲い、大勢の患者や病院関係者の命を奪った。院内には車が押し流され、廃材が散乱していた ＝3月19日

仙台空港のある宮城県名取市でも、津波が水煙を上げながら押し寄せた。想像を絶する壁のような高さの波が家屋を一気にのみこんでいった ＝3月11日

宮城県気仙沼港では大型船が流され、幾重にも折り重なっていた。
自然の猛威は想像以上の力で傷跡を残していった ＝3月12日

岩手県釜石市内では、巨大な貨物船が護岸に食い込むように乗り上げ、住宅に衝突する寸前で止まっていた。残された住宅も2階まで津波にのみ込まれている ＝3月21日（パノラマ撮影）

東日本大震災一カ月データ

企業

民間企業設備の被害額	9兆～16兆円
自動車の国内生産台数	53万台減(3月11日～4月8日の合計見込み)
半導体材料シリコンウエハーの世界生産能力	25%減
プラスチック原料エチレンの国内生産能力	25%減(3月25日) → 12%減(4月8日)
コンビニ大手3社の東北地方休業店舗数	震災直後1190店以上 → 152店(4月7日)

主な企業の被害・復旧状況

トヨタ	プリウス生産の堤工場など3工場再開。18日に全工場で再開
ホンダ	完成車2工場を11日に再稼働
日産	完成車5工場を11日から順次再稼働、いわき工場も18日に再稼働
住友金属	鹿島製作所が一部再稼働
日立	被災したグループ12生産拠点のすべてを再開。生産能力の9割を回復
ソニー	生産停止した東北・関東の10生産拠点のうち、8拠点を再開。津波被害の多賀城事業所(宮城県)は再開のめど立たず

マーケット

株式売買高	過去最大の57億株(3月15日) → 27億株(4月8日)
東京工業品取引所の金先物価格	1㌘=4000円を28年ぶりに突破(4月6日)
3月の資金供給量	112兆7432億円(前年同期比16.9%増)
大企業の先行きの景況感(3月短観再集計)	震災前「3」 → 震災後「マイナス2」
日銀の景気認識下方修正	生産面を中心に下押し圧力の強い状態

株価と円相場

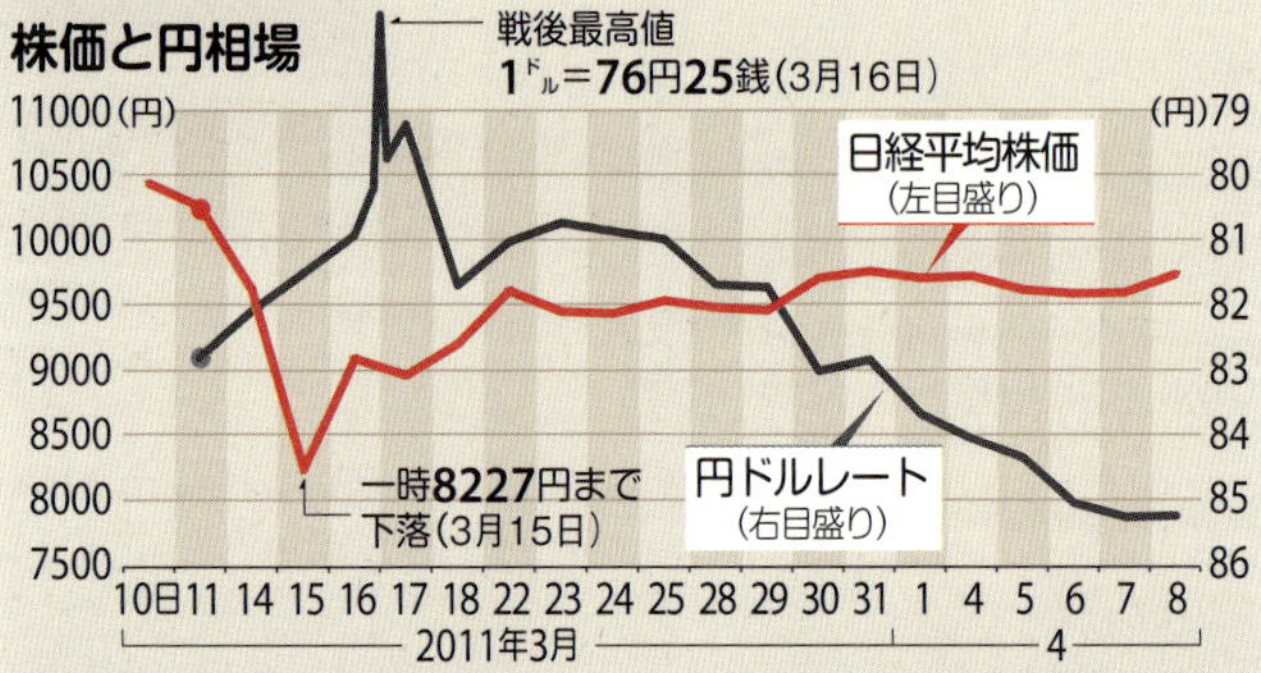

通信網

通信の復旧状況

NTT東日本	障害回線	150万回線	→	9万5000回線	4月8日21時
docomo	障害基地局	6600局	→	910局	4月8日20時
au by KDDI	障害回線	40万回線	→	4170回線	4月8日10時
	障害基地局	3680局	→	700局	4月8日10時
SoftBank	障害回線	3万6000回線	→	941回線	4月8日18時
	障害基地局	3786局	→	888局	4月8日18時

通信機器などの提供(予定を含む)

NTT東日本	インターネット接続コーナー	231カ所(パソコン1650台)
	特設公衆電話	7[illegible]カ所(2237台)
docomo	衛星携帯電話	893台
	携帯電話	1944台
	タブレット型端末	508台
au by KDDI	衛星携帯電話	47台
	携帯電話	1039台
SoftBank	携帯電話	1万7000台

電気・ガス・水道

電気

電力供給量

原子力発電所(万キロワット)	事故前	1730
	現在	491
火力発電所(万キロワット)	震災前	3869
	現在	2400
東京電力(万キロワット)	現在	3800
	夏場	(供給可能見込み)4650 不足分 850 / (最大需要)5500
原油処理能力(日量)(万バレル)	震災前	452
	震災直後	320
	現在	390
原油の民間備蓄の義務量		70日 → 45日

都市ガス

	3月17日		4月8日	
供給停止戸数	8県	46万2745戸	3県	15万2684戸

水道

	3月13日		4月9日	
断水戸数	14県	140万戸	10県	25万戸

仮設住宅

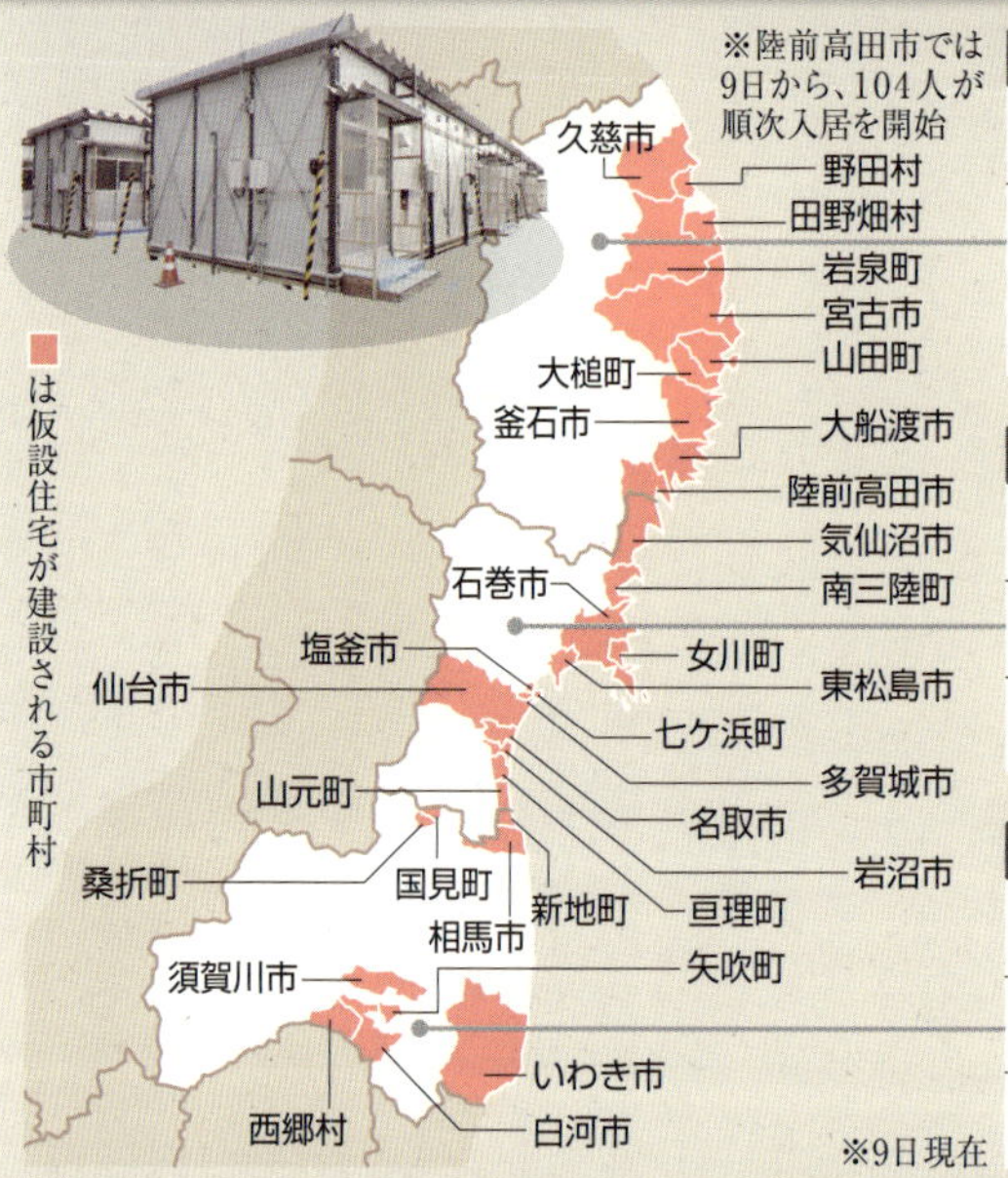

岩手県	
建設予定	1万8000戸
着工	2500戸
完成	36戸
宮城県	
	3万戸
	2455戸
	0戸
福島県	
	1万4000戸
	1282戸
	0戸

※9日現在

交通網

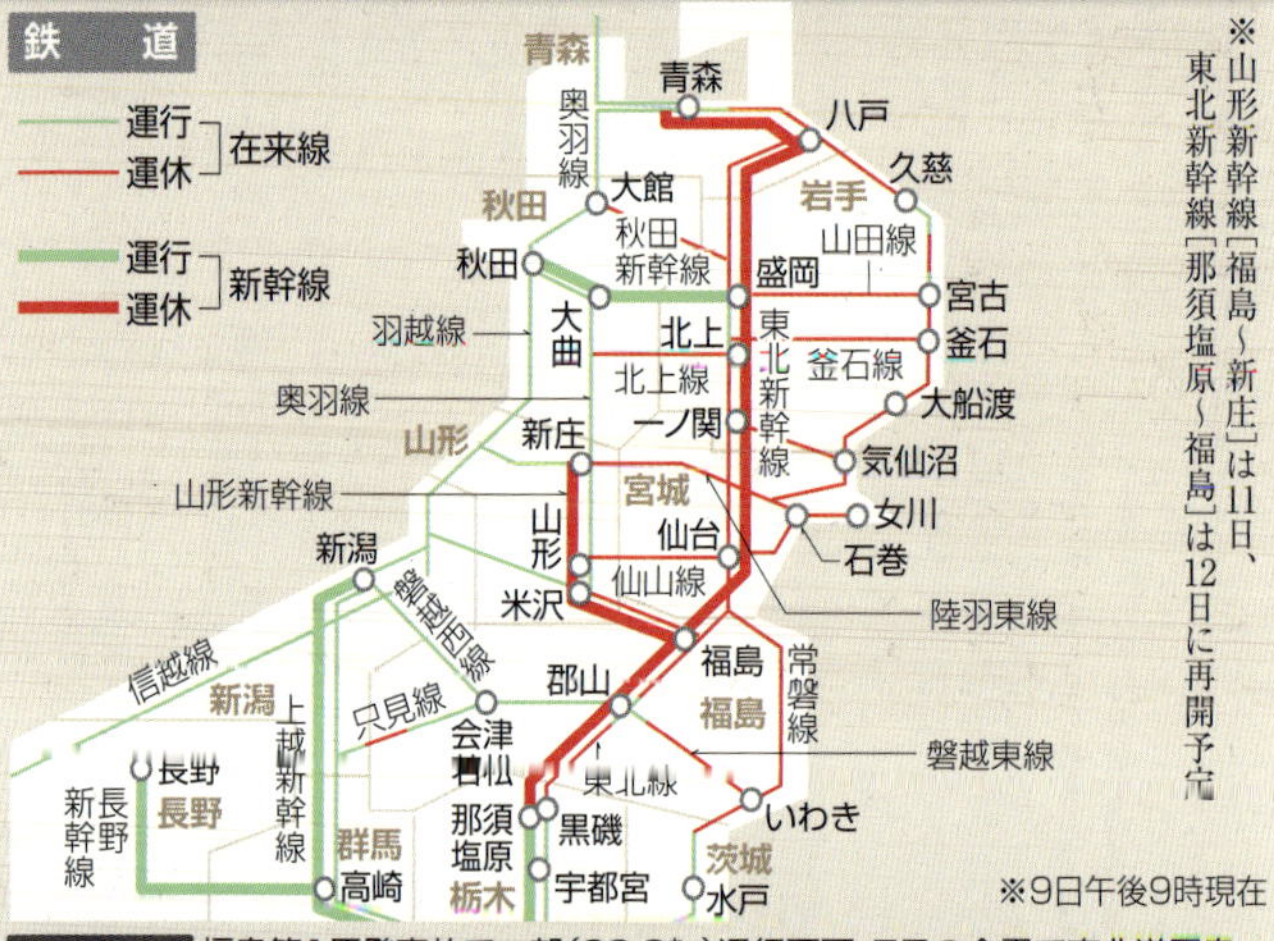

※9日午後9時現在

※山形新幹線「福島～新庄」は11日、東北新幹線「那須塩原～福島」は12日に再開予定

高速道路	福島第1原発事故で一部(30.2㌔)通行不可。7日の余震で東北道平泉前沢IC～水沢IC(上り)が通行不可(10日に全線復旧)
一般国道	三陸沿岸と原発事故で一部(計69㌔)通行不可
空港	仙台空港は閉鎖中、13日に再開予定。ほかの12空港は運航
港湾	青森港から鹿島港まで15港すべて復旧(青森港のぞき供用岸壁は一部)

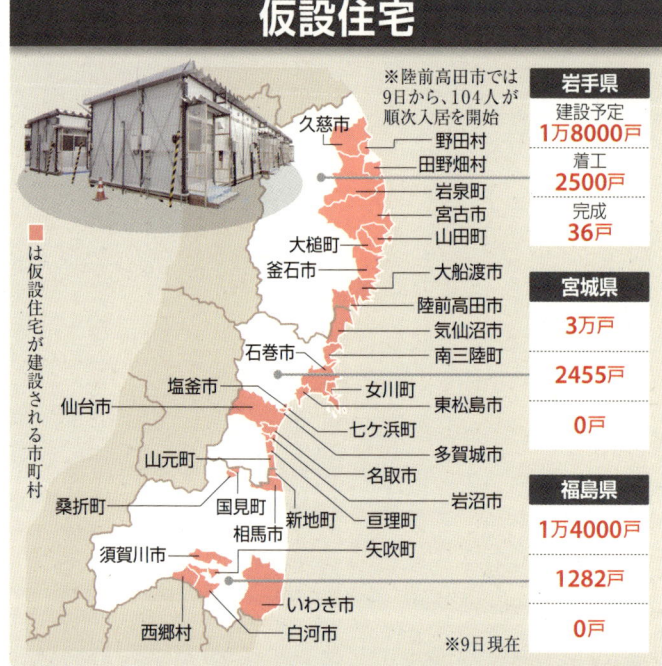

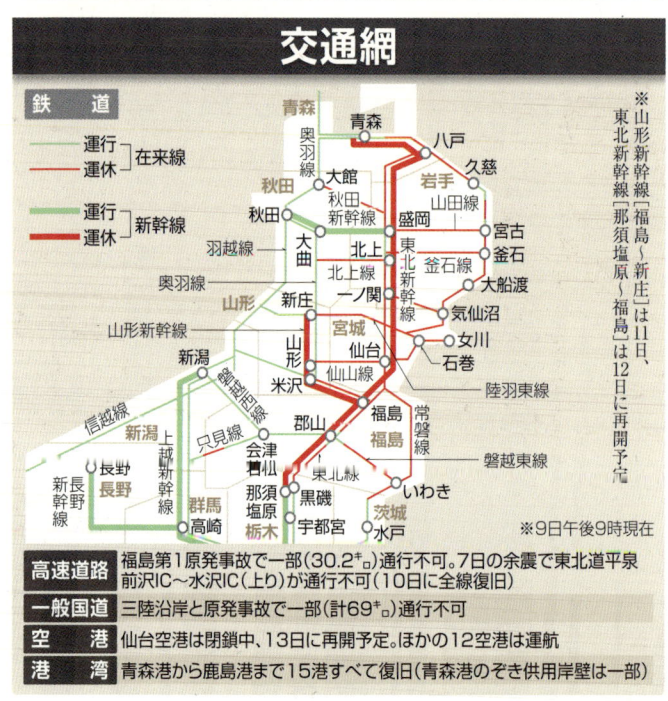

なかなかライフラインの復旧が進まない中、井戸水は重要な地域の「水がめ」となっている＝4月7日、岩手県陸前高田市

震災孤児は180人、両親ともは24人

東日本大震災は4月11日で発生から1カ月を迎えた。警察庁の10日のまとめでは、地震や津波による死者は12都道県で1万3013人、行方不明者は1万4608人、計2万7621人に上る。平成7年の阪神大震災（死者・不明者計6437人）を大きく上回り、戦後最大の自然災害となった。原発周辺などで捜索活動が難航しており、犠牲者の数はさらに増える見通し。

避難所は18都道県で2383カ所に設置され、現在も15万3680人が不自由な生活を強いられている。このほかに知人宅などに自主避難をしている人も多数いる。長期化は確実で、体や心のケアが深刻な問題となっている。

また、あしなが育英会によると、東日本大震災で親が亡くなったり、行方不明となったりして同会の特別一時金を申請した子供は180人に上ったという。

同会によると、両親ともに亡くなった子どもは24人で、両親が行方不明は6人。父親もしくは母親が死亡したのは95人で、行方不明は48人、詳細不明が7人。

全壊建物は9都県で把握されているだけで4万8605戸。一方で、仮設住宅の建設は、土地や建築材の確保の問題などから遅れている。

岩手、宮城、福島の3県では約6万2千戸の仮設住宅設置を目標にしているが、9日までに着工したのは約1割の約6200戸にとどまっている。

電気、ガスなどのライフラインは、7日深夜の強い余震で再び被害が出た地域もある。

地震発生は3月11日午後2時46分。マグニチュード（M）は9・0で日本での観測史上最大。活発な余震も続いており、7日午後11時32分には、震災後最大となる震度6強の余震を宮城県で観測している。

東日本大震災の被害

死　者	13013
行方不明者	14608
負　傷　者	4684

（10日午後7時現在、警察庁まとめ）

福島第1原発 1～4号機の損害、復旧状況

		1号機	2号機	3号機	4号機
損害状況	炉心燃料棒	・損傷・一部溶融	・損傷・一部溶融	・損傷・一部溶融	・なし
	圧力容器	・損傷の可能性	・損傷の可能性	・損傷の可能性	・不明
	格納容器	・配管・バルブに損傷の可能性	・圧力抑制室に損傷 ・配管・バルブに損傷の可能性	・配管・バルブに損傷の可能性	・不明
	建屋	・損壊	・損傷	・損壊	・損壊
	核燃料貯蔵プール	・外部注水	・外部注水	・外部注水	・外部注水
	汚染水	・タービン建屋に高濃度、トレンチに中濃度	・タービン建屋とトレンチに高濃度	・タービン建屋に高濃度、トレンチは濃度不明	・タービン建屋に中濃度
復旧状況	外部電源	○	○	○	○
	中央制御室電源接続	○	○	○	○
	給水ポンプ	△（仮設）	△	△	△
	冷却用海水ポンプ	△	△	△	△
	汚染水排出	×	×	×	×
	冷却水循環ポンプ	×	×	×	×

自衛隊の活動実績

（8日午前11時現在）

大規模震災災害派遣	
派遣人員	10万6350人
陸	7万人
海	1万4300人
空	2万1600人
航空機	494機
艦艇	47隻
人命救助	1万9247人
遺体収容	8088体
遺体搬送	1004体
物資輸送	5420㌧
炊き出しなど	199万4740食
給水	1万9095㌧
入浴支援	30カ所で20万3197人
医官による診療	1万6540人
道路復旧・建設	269㌔分
原子力災害派遣（原発事故）	
派遣人員	450人
放水作業	6回
除染所	8カ所

米軍の支援

（ピーク時）

派遣人員	1万8000人
航空機	140機
艦艇	20隻
シーバーフ	150人
グローバルホーク、U2偵察機	
提　供	
食料	190㌧
水	7730㌧
バージ船	2隻
消防車	2両
ポンプ	5台
放射能防護衣	100着

震災から一カ月間の被害・復旧状況

岩手県宮古市（16日）

福島県南相馬市（12日）

宮城県石巻市（17日）

福島県いわき市（4月2日）

宮城県亘理町（13日）

宮城県東松島市（4月2日）

岩手県大船渡市（30日）

山元町 593人死亡
新地町 86人死亡。34人不明
福島第1原発
1～4号機の原子炉建屋で爆発や損傷。放射性物質が漏出、汚染水も海へ流出。4号機で東京電力社員2人死亡
30km屋内退避指示
20km避難指示
双葉町 14人死亡。町民ほぼすべての約6900人避難
富岡町 3人死亡。町民ほぼすべての約1万5500人避難
広野町 2人死亡。約4400人避難
いわき市 289人死亡。大規模火災で沿岸部が壊滅
浦安市 液状化現象などで最大時3万3千戸が断水。東京ディズニーリゾートが休園
市原市 コスモ石油千葉製油所が火災、発生11日目で鎮火
旭市 13人死亡。2人不明。津波で約760戸全半壊
鹿嶋市 1人死亡
大洗町 1人死亡
ひたちなか市 2人死亡。液状化現象

1201人
北茨城市 5人死亡。津波で有形文化財「五浦六角堂」が消失
東海村 火力発電所で作業員4人が転落死
江東区 新木場などで液状化現象
茨城県
千葉県
南相馬市 403人死亡。1071人不明。約5700人避難。津波で海岸付近が壊滅
楢葉町 3人死亡。町民ほぼすべての約7800人避難
東北自動車道
水戸市 2人死亡。水戸駅駅舎が損傷
行方市 2人死亡
大熊町 16人死亡。町民ほぼすべての約1万1400人避難
東北新幹線
浪江町 1人死亡。185人不明。町民ほぼすべての約2万人避難
千代田区 九段会館で天井が崩落し2人死亡
東京都
神奈川県

各県の死者数は警察庁まとめ。各市町村の死者数などは各県の発表による（9日午後7時現在）

横浜市 2人死亡。金沢区八景島周辺で液状化現象
高萩市 1人死亡
相馬市 396人死亡。津波で海岸付近が壊滅

岩手県山田町（14日）

岩手県大槌町（21日）

宮城県南三陸町（18日）

岩手県陸前高田市（27日）

宮城県気仙沼市（13日）

	発生日時	マグニチュード	最大震度
本　震	3/11 14:46	9.0	7
最大余震	4/ 7 23:32	7.1	6強

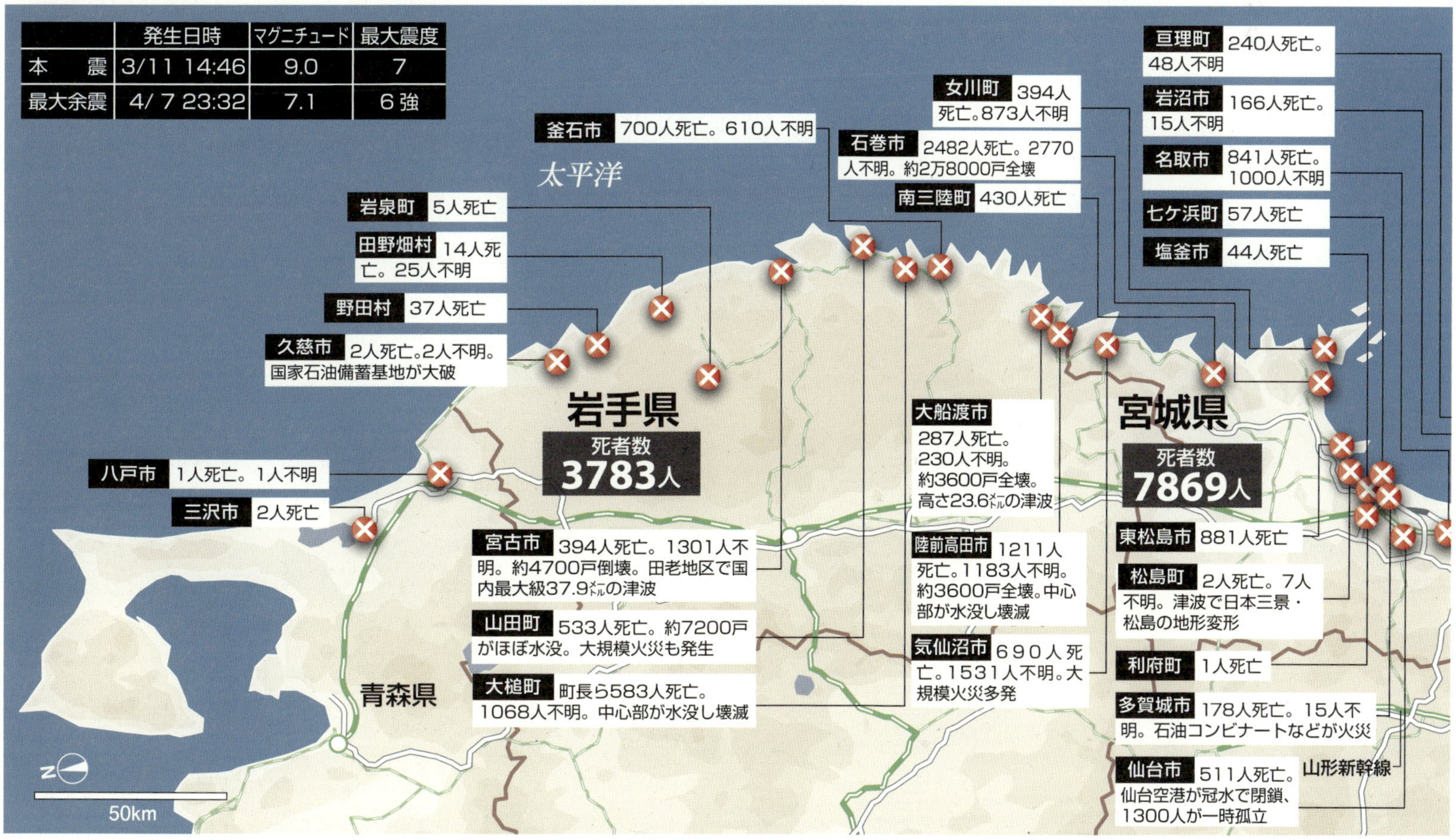

津波は堤防を越えて町に流れ込んだ（岩手・宮古市、田老町漁協提供）

民家は燃えながら津波に流された（宮城・名取市）

地震直後から各地で火の手が上がった（千葉・鎌ヶ谷市）

ドキュメント

3月11日（金）午後2時46分

東日本大震災発生

14時46分▼宮城県北部で震度7の地震。震源地は三陸沖。マグニチュード（M）9・0（当初発表8・8）は観測史上最大

14時49分▼気象庁が岩手、宮城、福島、青森、茨城、千葉の太平洋沿岸に大津波警報を発令

14時50分▼官邸対策室を設置

14時52分▼岩手県知事が陸上自衛隊に災害派遣を要請。その後、宮城、福島、青森の3知事も

14時56分▼参院決算委員会から菅直人首相が官邸入り

15時0分▼東北電力女川原発を始め東京電力福島第1原発、第2原発、日本原子力発電東海第2原発の計11基が自動停止

15時4分▼仙台空港が飛行機の離着陸をすべて停止

15時5分▼航空自衛隊の戦闘機8機が被害確認のため出動。仙台市で大規模停電やガス漏れ、火災

15時14分▼政府が緊急災害対策本部設置。警察庁は緊急災害警備本部。国交省は非常災害対策本部。関東6都県、山梨、静岡東部の約400万戸で停電

15時15分▼茨城県の鉾田で震度6弱の地震。震源地は茨城県沖でM7・4。仙台空港閉鎖。青森、秋田、岩手全域で停電

15時17分▼成田空港が滑走路を一時閉鎖

15時25分▼海自横須賀基地に停泊中の全艦艇が宮城県沖に向かう

15時32分▼岩手県釜石市で最大4・2メートルの津波を観測、港で車が多数流される

審議中の国会も騒然となった（東京・永田町）

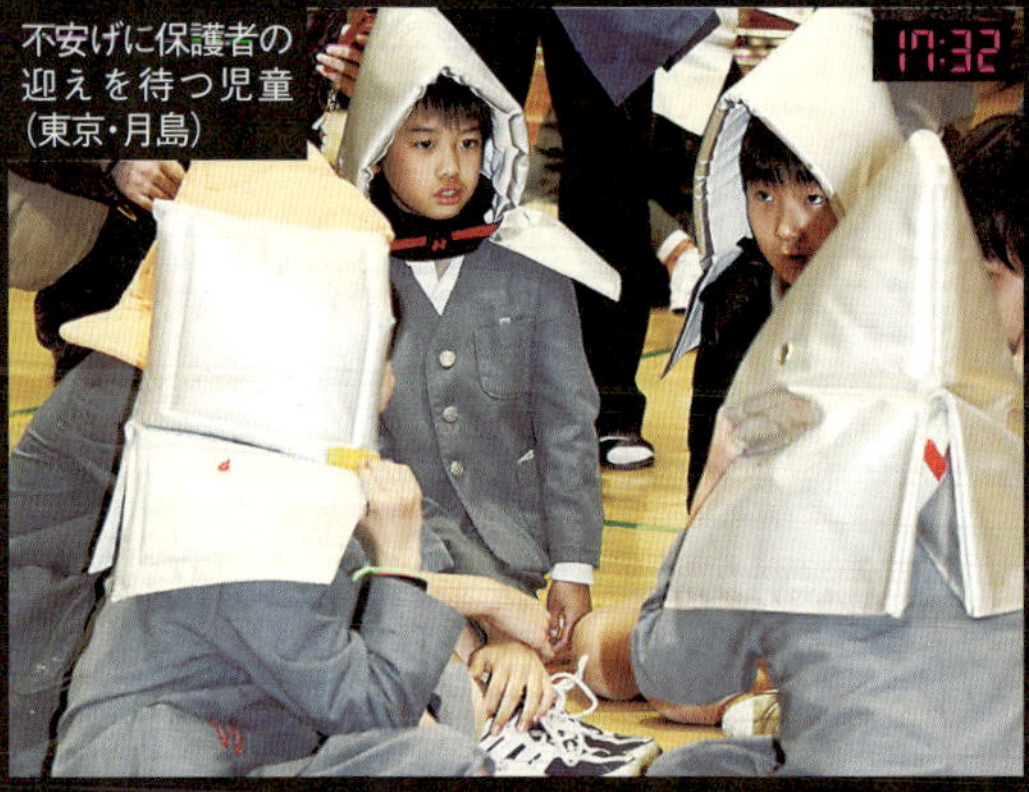

不安げに保護者の迎えを待つ児童（東京・月島）

強い揺れで東京タワーの先端も曲がった（東京・港区）

多くの人が近くの公園に避難してきた（仙台市）

ビール工場のタンクも倒壊（仙台市）

疲れ切った被災者が避難所に集まった（福島・いわき市）

激しく炎上するガスタンク（千葉・市原市）

15時42分▼福島第1原発1、2号機で緊急炉心冷却システムが作動停止。原発危機が始まる
15時55分▼仙台新港で高さ約10㍍の津波を確認
16時0分▼気象庁が記者会見し、「平成23年東北地方太平洋沖地震」と命名。仙台空港の滑走路が津波で冠水
16時12分▼全閣僚出席の緊急災害対策本部
16時30分▼東京消防庁が緊急消防援助隊派遣
16時36分▼福島第1原発の炉の一つが冷却不可能に
16時40分▼茨城県鹿嶋市の鹿島神宮で鳥居崩壊
16時55分▼菅首相が会見で「国民の安全確保と被害を最小限に抑えるため政府として総力を挙げる」と強調
17時ごろ▼交通機関がマヒした首都圏では、帰宅ラッシュを迎え、各駅で混乱。都内の帰宅困難者は12万人超
17時13分▼千葉県市原市のコスモ石油千葉製油所でガスタンクが爆発し炎上。鎮火に10日かかった
17時25分▼宮城県塩釜市の第2管区海上保安本部所属の巡視船が流されたと海上保安庁に連絡
17時38分▼宮城県石巻市の東北電力女川原発のタービンビルで火災発生、深夜に鎮圧
17時55分▼東北6県の停電は約440万戸
18時ごろ▼東北地方の太平洋沿岸に、津波で流されている人の姿を複数確認と海上保安庁
18時12分▼東京の九段会館の天井崩落に巻き込まれた女性2人が死亡
18時23分▼東京タワー頂上部のアンテナが曲がっているのを確認
19時3分▼政府が日本初の「原子力緊急事態宣言」発令
20時6分▼航空自衛隊松島基地が津波でほぼ水没
20時7分▼気象庁が震源の深さを約10㌔から約24㌔に修正
20時30分▼福島第1原発1、2号機の緊急炉心冷却システムへの冷却水の供給が止まる
21時0分▼米地質調査所（USGS）が1900年以降に世界で発生した地震で5番目の規模と発表
21時23分▼福島第1原発から半径3㌔以内の地域に避難指示、10㌔圏内には屋内退避を指示
22時ごろ▼東京では都営地下鉄と東京メトロの一部の運転が再開。JRや私鉄などは運休し、混乱は朝まで
22時17分▼仙台市宮城野区のJX日鉱日石エネルギーの仙台製油所液化石油ガスタンクで大規模爆発
22時28分▼仙台市若林区荒浜で200～300人の遺体発見と宮城県警
23時0分▼東海村の火力発電所付近で火災
23時45分▼千葉・浦安の東京ディズニーリゾートで数万人が帰宅できず

燃え続ける火災に住民の不安が募る（福島・いわき市）

携帯電話が通じず公衆電話に長い列（東京・丸の内）

交通マヒで歩いて帰宅する人の列ができた（東京・江東区）

「SOS」と書かれたグラウンドに救援ヘリが着いた（宮城・南三陸町）

建屋外壁が吹き飛んだ福島第1原発1号機（東電提供）

原発で水素爆発

12日（土）

0時16分▼「宮城県沖、茨城県沖など4つの領域が絡んだ地震」と地震調査委員会

0時36分▼菅首相がオバマ米大統領と電話会談。オバマ大統領は「あらゆる協力をしたい」

3時59分▼長野県北部で震度6強、新潟県中越で震度6弱の地震

4時51分▼大船渡線、仙石線、気仙沼線の計4列車と連絡が取れていないとJR東日本

5時44分▼東電福島第1原発1号機の中央制御室で放射線量が上昇、半径10キロ以内を避難指示区域に

6時19分▼菅首相がヘリで被災地や福島原発を視察

7時40分▼福島第2原発の1、2、4号機で冷却機能を喪失。すべての原子炉で蒸気の外部放出へ

8時3分▼原子力安全・保安院が福島第2原発の4基の原子炉すべてで蒸気の外部放出準備に入ったと発表

8時39分▼派遣する自衛隊員を約2万人に拡大

9時28分▼福島第1、第2原発周辺の3町で全町民計約2万人が避難開始

11時0分▼菅首相が「改めて津波被害が大きいと実感」

11時56分▼東電が計画停電の実施に言及

14時14分▼福島第1原発1号機周辺で放射性物質セシウムが検出。炉心溶融（メルトダウン）の可能性

15時0分▼停電は東北ほぼ全域で約385万戸。関東でも茨城、栃木、千葉で約60万戸が停電

15時29分▼東電が福島第1原発の敷地境界で1時間当たり1015マイクロシーベルトの強い放射線を確認

15時34分▼青森・八戸港で地球深部探査船「ちきゅう」内に取り残された小学生ら約50人が海上自衛隊に救出

15時36分▼福島第1原発1号機の建屋で爆発音を伴う水素爆発。東電職員ら4人が病院に搬送

16時30分▼東北・関東地方の7県約44万5000戸でガスの供給を停止、17道県で140万戸が断水

18時22分▼日産自動車、ホンダ、トヨタ自動車が国内全工場での操業中止を決める

18時25分▼福島第1原発の避難指示範囲が半径10キロ以内から20キロ以内に拡大

20時32分▼菅首相が会見し、「この未曽有の国難を国民一人一人の力で乗り越えたい」とコメント

20時56分▼宮城県南三陸町の住民約9500人と連絡取れないと県

22時15分▼福島県浜通りで震度5弱。福島第1原発1号機から10キロ圏内の病院で入院患者3人が被曝

ヘリで被災地を視察する菅首相（内閣広報室提供）

土砂崩れで線路も宙づりになった（長野・栄村）

津波がひいた後、住民がベランダで救助を待っていた（岩手・陸前高田市）

多くの被災者がヘリで避難所に到着した（宮城・岩沼市）

津波の後、市街地はがれきの山と化した（岩手・陸前高田市）

男の子はストーブを灯り代わりに本を読んでいた（仙台市）

スーパーには買い物客が長い列を作った（宮城・名取市）

放射能汚染広がる　13日（日）

5時10分▼東電福島第1原発3号機が冷却機能を喪失、東電が国に通報。第1原発1、2号機、第2原発1、2、4号機に次いで6機目

7時51分▼福島第1原発の10キロ圏内の病院で入院患者ら15人の放射性物質による汚染が判明

8時30分▼「千葉コスモ石油火災の影響で有害物質を含む雨が降る」というチェーンメール出回る

11時4分▼冷却機能を失った福島第1原発3号機で、装塡燃料の上部3メートル弱が水面から上に露出と東京電力

11時10分▼宮城県東松島市野蒜で約200人の遺体が見つかったと警察庁

11時15分▼福島県が福島第1原発の3キロ圏内から避難の新たに19人が被曝と発表、計22人に

12時10分▼気象庁が東日本大震災の規模をマグニチュード9・0に修正

12時40分▼海上自衛隊の護衛艦が福島県沖約15キロの洋上で、屋根に乗って漂流していた60歳の男性を救助

13時52分▼福島第1原発周辺の放射線量がこれまでで最も多い1557・5マイクロシーベルトを観測

15時25分▼計画停電の可能性と海江田万里経産相。経済界への使用電力抑制も要請

16時3分▼枝野幸男官房長官が、福島第1原発3号機について「全体が炉心溶融に至る『メルトダウン』の状況にはない」と説明

16時49分▼宮城県の災害対策本部会議で、県内の死者数について「万単位になると思う」と村井嘉浩知事

17時58分▼気象庁が全国の津波注意報を全面解除

19時59分▼菅首相が記者会見で、14日からの計画停電の実施を了承と表明。「戦後65年で最も厳しい危機」

20時31分▼東電の清水正孝社長が記者会見で「広く社会に大変なご心配とご迷惑をお掛けしおわび申し上げます」と謝罪

20時49分▼東電が計画停電を4月末まで実施の見通し

21時25分▼民主党と自民党が、被災地の統一地方選を延期する特例法の早期制定で基本合意

22時16分▼三越伊勢丹ホールディングスが、計画停電で東京、千葉、神奈川の計6店舗を14日に臨時休業へ

22時33分▼白川方明日銀総裁が「金融市場の安定のため14日朝から市場に大量の資金供給を行う」

10時39分▼東電が計画停電の実施でエリア内の信号機もストップすることを明らかに

自衛隊のヘリで移送される負傷者（仙台市）

男性は跡形もなくなった町を悔しそうに眺めていた（宮城・気仙沼市）

がれきの中、物資を運ぶ人の姿（岩手・釜石市）

懸命に捜索する消防隊員（岩手・山田町）

子供たちも並んで食料の配布を受ける（宮城・名取市）

計画停電始まる　14日（月）

5時36分▼計画停電でJR東日本が運転区間を山手線や中央線などの一部区間に限定し大半は終日運休と発表。各私鉄や地下鉄も運休など相次いで発表

6時30分▼東電、計画停電の開始を午前10時以降に

9時5分▼日銀は金融市場の動揺を抑えるため短期金融市場に7兆円を供給する緊急の公開市場操作を実施

9時9分▼東京株式市場の日経平均株価が1万円を割る

9時54分▼政府の緊急災害対策本部会合で「1万5000人を超える被災者を救出」と菅首相

10時8分▼福島第1原発の半径10キロ圏内から避難した病院患者ら3人から除染後も高い汚染数値を検出、二次被曝医療機関に搬送と総務省消防庁

10時35分▼震災の派遣活動に予備自衛官と即応予備自衛官を投入すると防衛省

10時43分▼日銀は短期金融市場への即日資金供給を5兆円追加し計12兆円に。14日全体で計15兆円

10時50分▼宮城県の牡鹿半島の浜辺に約1000人の遺体が打ち上げられていると県警。南三陸町でも14日までに約1000人の遺体発見

11時1分▼東電福島第1原発3号機で水素爆発。男性社員が被曝。原子力安全・保安院が半径20キロ以内の住民約600人に屋内退避を呼び掛け

11時46分▼枝野官房長官は福島第1原発3号機について「格納容器は健全。放射性物質が大量に飛び散っている可能性低い」

13時10分▼福島第1原発3号機の爆発事故で社員や自衛隊員ら11人が負傷。社員と自衛隊員ら計7人が被曝

13時25分▼福島第1原発2号機で原子炉の冷却機能が喪失したとして、東電が国に緊急事態を通報

16時34分▼東電、同号機の原子炉に海水注入始める

17時0分▼東電が第5グループの一部地域で計画停電実施。福島第2原発の1号機、2号機は安定的な「冷温停止」状態となり、緊急事態脱したと発表

19時34分▼東電が福島第1原発2号機の原子炉で炉心の水位が低下、燃料の一部が露出と発表

19時57分▼2号機の炉心水位さらに下がり、全燃料が露出。空だき状態に。海水注入のポンプ燃料切れが原因

20時17分▼2号機の燃料棒下部約30センチの高さまで水位回復。その後、蒸気の外部放出開始

21時34分▼2号機の原子炉水位は燃料のほぼ半分を浸すまで回復と東電

券売機もわずかな電気で稼働していた（東京・立川市）

銀座の明かりも節電で消された（東京・銀座）

住民も一人ずつ放射線レベルのチェックを受けた（福島・二本松市）

ガソリンスタンドの道路脇は給油待ちの車が並んだ(岩手・一関市)

損傷した福島第1原発の建屋(東電提供)

度重なる会見に東電社員にも疲労の色が(東京・内幸町)

退去範囲さらに拡大　15日(火)

0時ごろ▼東電が福島第1原発2号機で原子炉格納容器の非常用弁を開け、格納容器の圧力を下げる対策
1時10分▼東電が2号機で、原子炉圧力容器の蒸気逃し弁を開け、海水注入に向け作業を再開
5時26分▼菅首相が政府と東電による統合対策本部の設置を発表。「陣頭指揮に立って危機乗り越える」
5時35分▼菅首相、東電本店で、東電幹部らに「覚悟を決めてくれ。撤退したときは東電は100%つぶれる」
6時10分▼福島第1原発2号機で2度爆発音
6時15分▼2号機の原子炉格納容器の圧力抑制室が破損、放射性物質が漏洩する恐れと原子力安全・保安院
6時40分▼枝野官房長官が2号機について原子炉格納容器につながる一部に欠損がみられると発表
7時0分▼福島第1原発付近で毎時965・5マイクロシーベルトの放射線量を検出。水素爆発のあった3号機でも原子炉建屋の上部に蒸気と東電。4号機も屋根に損傷
8時31分▼福島第1原発の正門前で1時間当たり8217マイクロシーベルトの放射線量を検出
9時27分▼メルトダウン(全炉心溶融)について「燃料の損傷があり、可能性は否定できない」と東電
9時48分▼東京株式市場の日経平均株価が半年ぶりに9000円を割り込む
10時18分▼福島第2原発の3基すべてが緊急事態を脱したと東電。その後、福島第1原発3号機付近で毎時400ミリシーベルトの放射線量を観測
11時1分▼菅首相が第1原発から半径20～30キロ圏内の住民らに屋内退避を呼びかけ。対象は約14万人。枝野官房長官は「身体に影響を及ぼす可能性」
12時35分▼都内で大気から微量の放射性物質を観測
15時0分▼東京市場の日経平均株価終値が8605円15銭(前日比1015円34銭安)と過去3番目の下落率に
16時20分▼枝野官房長官が記者会見で、福島第1原発正門付近の放射線量が大幅に下がったことを受け、「平常値より高いが人体に影響を与えない程度の水準に下がり、(今後も)下がる傾向にある」
20時56分▼福島第1原発の事故は、国際原子力事象評価尺度(INES)で上から2番目の「レベル6」に相当とフランスの原子力施設安全局局長
22時31分▼静岡県東部で震度6強の地震。気象庁は東海地震とは無関係との見解

新たな揺れでビルの壁面も崩れた(静岡・富士宮市)

子供を抱きかかえて搬送する自衛隊員(宮城・石巻市)

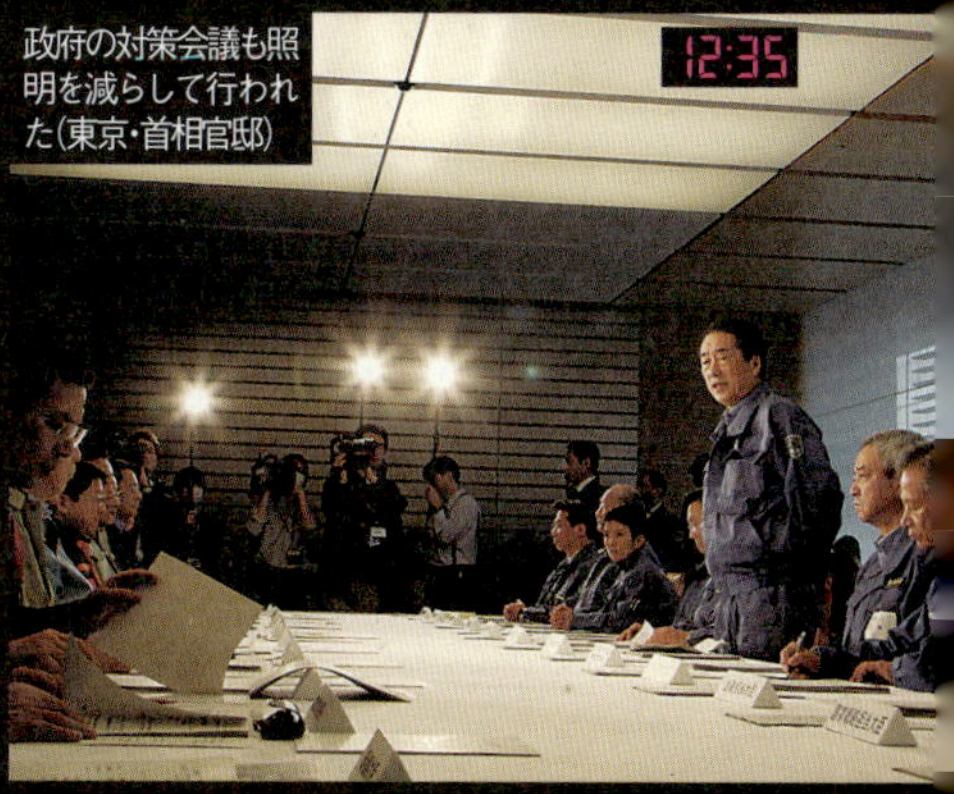

政府の対策会議も照明を減らして行われた(東京・首相官邸)

薄灯りの中、ボランティア募集も始まった(岩手・大船渡市)

炊き出しで避難所にも安堵が広がる(仙台市)

散水のためのタンクを下げた陸自ヘリが飛び立った（仙台市）

全国から駆け付けた消防隊員や警察官が捜索を続けた（仙台市）

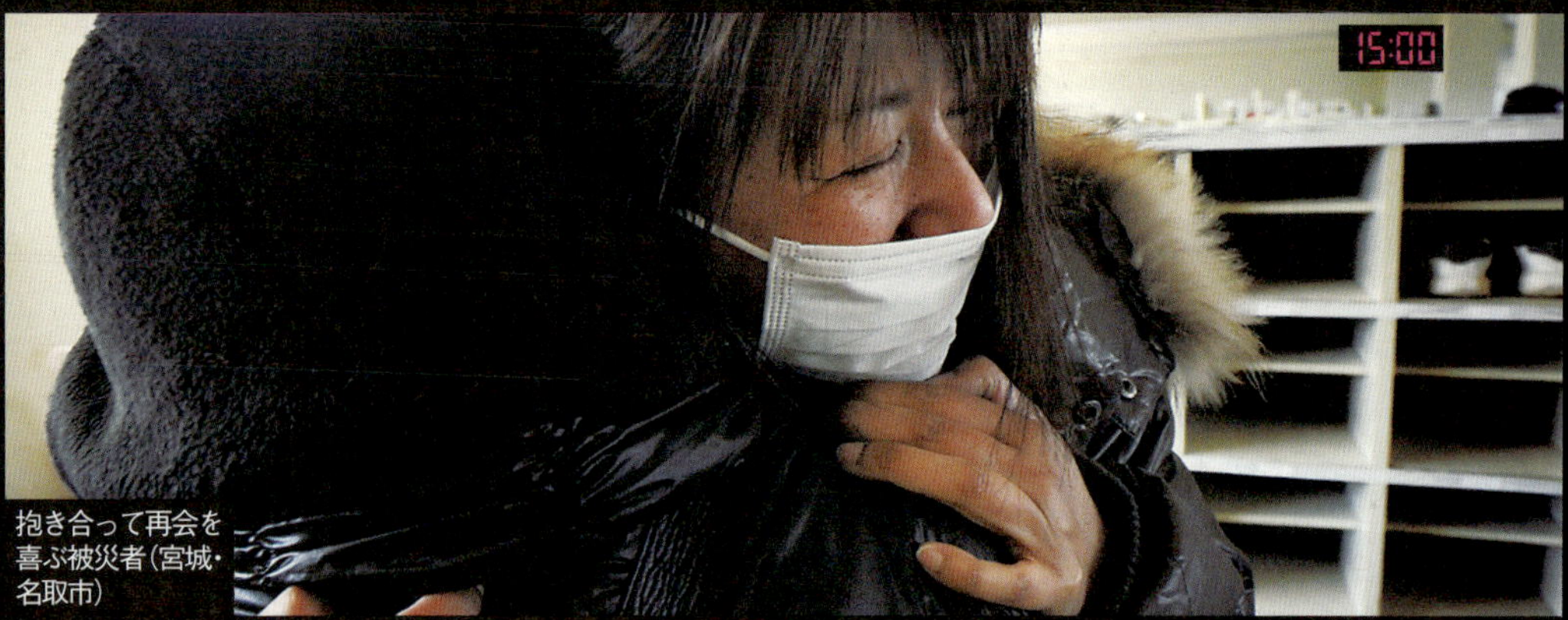

抱き合って再会を喜ぶ被災者（宮城・名取市）

天皇陛下がお言葉　16日（水）

5時45分▼福島第1原発4号機で火災
6時40分▼東電が埼玉、山梨両県の一部で計画停電実施
8時22分▼辻元清美首相補佐官（ボランティア担当）が「震災ボランティア連携室を内閣府本府に立ち上げる」
9時9分▼日銀が短期金融市場に3兆5000億円を即日供給する緊急の公開市場操作を実施
9時16分▼東京市場で日経平均株価9000円を回復
9時20分▼東電が東京、埼玉、群馬、神奈川、千葉など7都県の一部地域でも計画停電を実施
10時20分▼東電が福島第1原発正門前で毎時2399マイクロシーベルトを観測
10時33分▼福島第1原発で3号機から水蒸気漏れの可能性があると東電
11時15分▼各地のスーパー、ガソリンスタンドに長い列。買い占めを控えるように枝野官房長官が呼びかけ
11時29分▼福島第1原発の正門付近の放射線量が午前10時すぎに急激に上がってミリシーベルト単位になり、作業員が一時退避したと枝野官房長官
11時30分▼政府は4月の統一地方選の期日について被災地に限り先送りする特例法案を持ち回り閣議で決定。福島第1原発3号機について、枝野官房長官が格納容器損傷の可能性に触れる
12時22分▼福島第1原発3号機について「原子炉圧力容器内の水位は低いが変化はなく、圧力も安定」と原子力安全・保安院
13時23分▼北沢俊美防衛相が「（福島第1原発への放水は）地上からの放水効果を見ながら。強力な放水が必要ならばヘリ（での消火）に切り替える」
16時0分▼官邸で緊急災害対策本部。菅首相は「被害の大きさにうちひしがれるのではなくて、乗り越えて明るい将来を作る」とあいさつ
16時30分▼宮内庁は、天皇陛下が「皆がいたわり合って、この不幸な時期を乗り越えることを心より願っています」と国民に語り掛けるビデオを公表
17時0分▼10都県で平常時の上限を超える放射線量を測定
18時0分▼枝野官房長官は福島第1原発3号機の格納容器が損傷した可能性を指摘した記者会見内容を修正
19時10分▼政府の地震調査委員会は静岡県の地震を「東日本大震災の地殻変動の影響を否定できず」と評価
22時16分▼菅首相と国連の潘基文事務総長が電話会談。事務総長は「国連としていかなる支援も惜しまない」

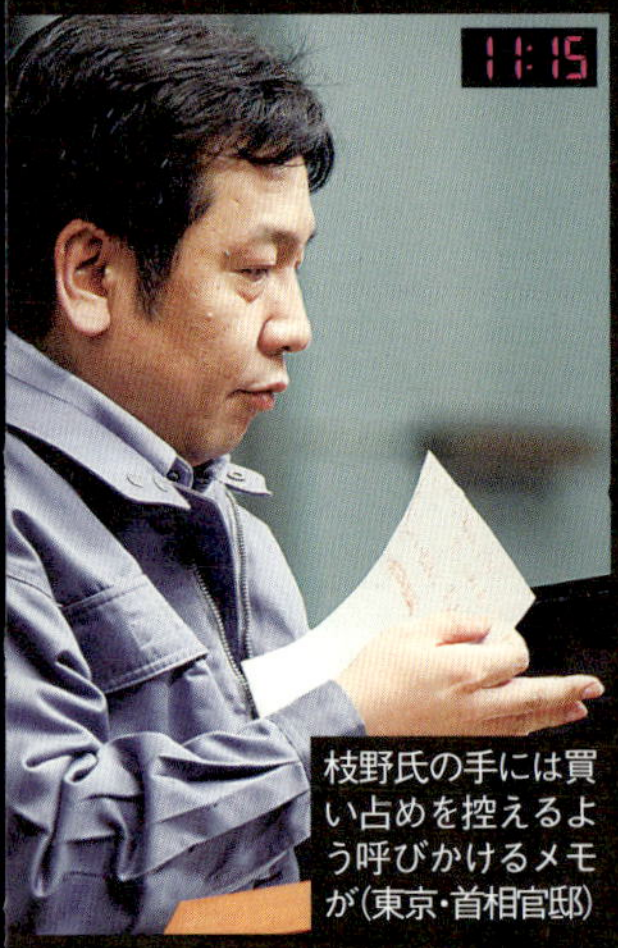

枝野氏の手には買い占めを控えるよう呼びかけるメモが（東京・首相官邸）

東京駅では新幹線で避難する外国人の姿も（東京・丸の内）

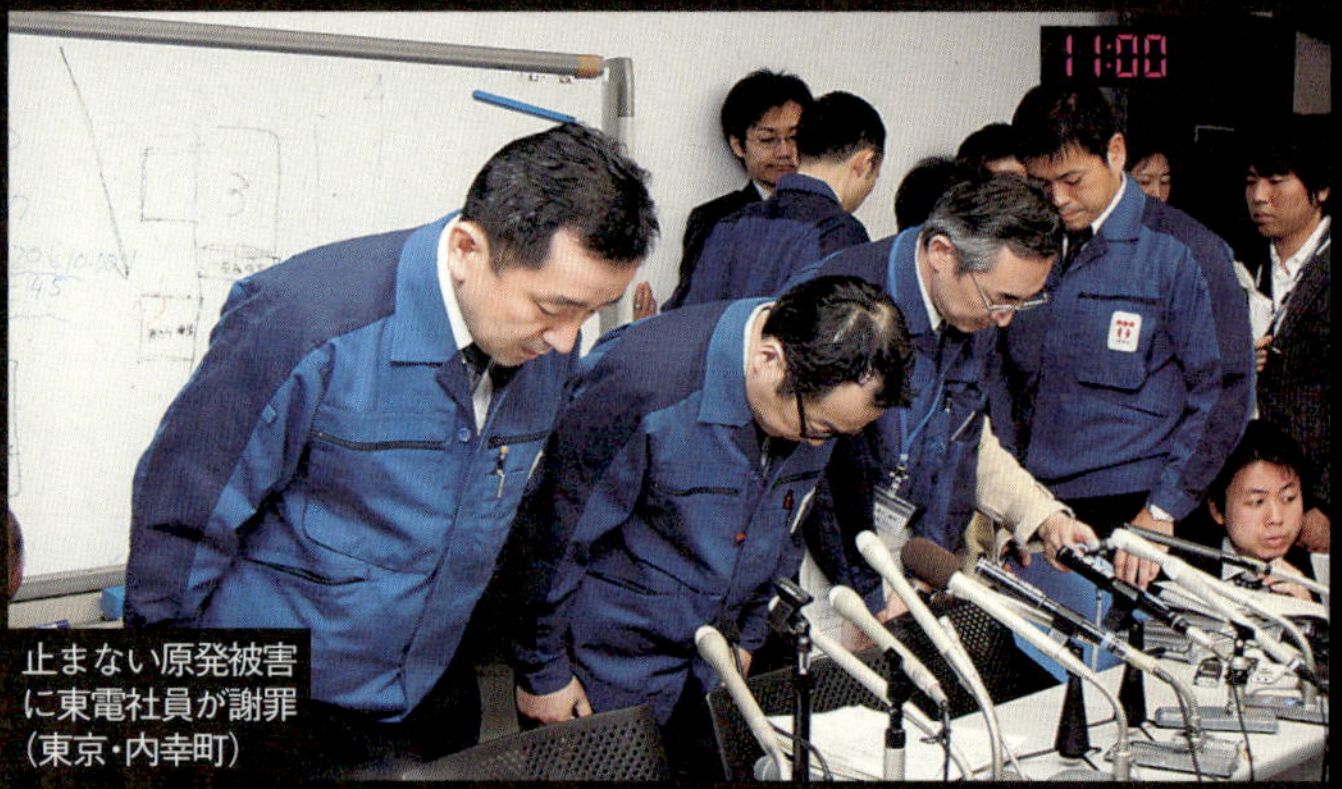

止まない原発被害に東電社員が謝罪（東京・内幸町）

計画停電で警察官が交通整理に出動（さいたま市）

ろうそくの灯りで食卓を囲む被災者（岩手・宮古市）

倉庫には届いた支援物資が積み上げられていた（仙台市）

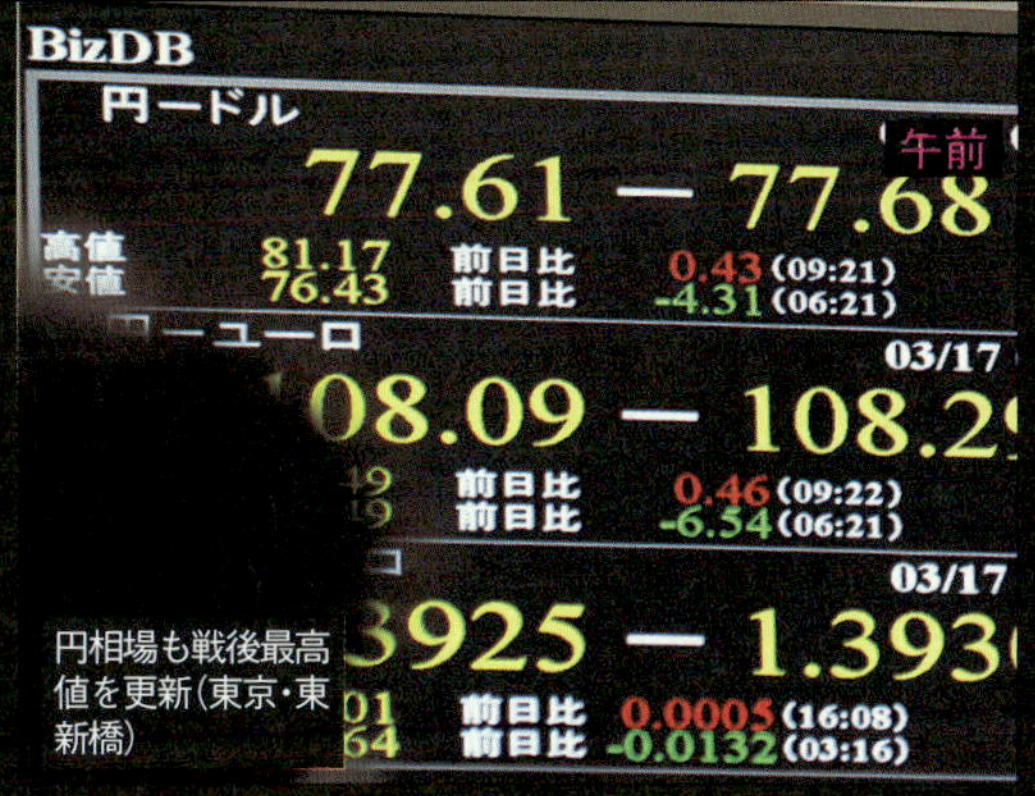

円相場も戦後最高値を更新（東京・東新橋）

毛布一枚で寒さをしのぐ被災者（宮城・気仙沼市）

大規模停電について東電社員に質問が殺到した（東京・内幸町）

円急騰、戦後最高値　17日（木）

5時55分▼海外市場で円が戦後最高値（1《ドル》＝79円75銭）を更新し、一時は76円25銭まで急騰。国内市場でも一時77円台に

7時0分▼東電が群馬、埼玉、東京、神奈川の1都3県の一部地域で計画停電を実施

9時48分▼東電福島原発3号機に陸上自衛隊のヘリコプターが水の投下を開始。約10分間で4度実施

11時30分▼北沢防衛相が陸自ヘリによる水投下の理由について「地上からの放水が決断できない状況下で、今日が限度だ」。「間違いなく3号機に水かかった」とも

11時45分▼福島第1原発5、6号機の状態について「危険の高い状態に至るのに若干の時間があると報告を受けている」と枝野官房長官

12時15分▼東電は第1グループと第5グループで1日に2回の計画停電実施を発表。1日2回の計画停電は初

12時20分▼東電は「第2グループ」の計画停電を開始。停電予定は約322万世帯

12時35分▼東電は、福島第1原発で作業員らが待機している免震重要棟の周囲で、毎時約3000《マイクロ》シーベルトと高レベルの放射線値を観測と発表

13時0分▼震災を受け衆院本会議で出席議員全員が黙とう

13時20分▼官邸で地震対策に関する政府・民主党連絡会議

15時30分▼海江田万里経済産業相が東電の供給体制について「夕方から夜にかけて電力需要量が供給量を大幅に上回り、予測不能な大規模停電が発生する恐れがある」

17時0分▼JR東日本や私鉄各社は首都圏の大規模停電の可能性を受け運転本数を削減

18時0分▼政府の緊急災害対策本部で、菅首相が被災者生活支援対策本部の設置を表明

18時42分▼政府が仙谷由人民主党代表代行を官房副長官、藤井裕久官房副長官を首相補佐官とする人事を発表

19時0分▼福島第1原発3号機に警視庁の機動隊が高圧放水車による放水に着手。放水量は4《トン》

19時35分▼自衛隊消防車が福島第1原発3号機に放水開始。放水量は30《トン》

22時5分▼枝野官房長官が官邸に隣接する官房長官公邸へ。「報告では放水はうまくいったとされているが、ちゃんと裏を取らないといけない」

スーパーのオープンに多くの被災者が詰めかけた（仙台市）

仙台空港の管制塔も津波で破壊されていた（宮城・名取市）

入場制限が行われた駅の改札口は多くの人であふれた（東京・池袋）

国会でも犠牲者への黙祷が行われた（東京・永田町）

岩手県陸前高田市

被災から1週間。被災地では黙祷する姿が見られた

仙台市若林区

岩手県陸前高田市

「阪神」超える死者数に　18日(金)

6時20分▼東電は栃木、群馬、埼玉、千葉、神奈川、静岡6県の一部約250万世帯で計画停電を開始

7時0分▼主要7カ国(G7)の財務相・中央銀行総裁が緊急電話会談。円高阻止へ協調介入実施で合意

9時17分▼総務省消防庁は、東京消防庁が福島第1原発に特殊災害対策車の部隊など139人を同日未明、派遣したと発表

10時55分▼「東京消防庁は1号機に放水する」と枝野官房長官

11時0分▼電源の復旧作業について「1、2号機は18日、3、4号機は20日を目標に東電が作業」と原子力安全・保安院

11時14分▼被災地の統一選を延期する特例法案が参院本会議で可決、成立。東日本大震災を受けた緊急立法措置での成立は初

13時55分▼自衛隊が福島第1原発3号機に放水

14時45分▼米大リーグ、マリナーズのイチロー外野手が震災への義援金として1億円を送ったと所属事務所

14時50分▼国際原子力機関の天野之弥事務局長が調査団派遣を表明

15時0分▼警察庁集計によると、死者は6539人、行方不明者は1万354人で、死者数が阪神大震災を超え、戦後最大の自然災害に

16時0分▼JR東日本は、東北新幹線の盛岡—新青森間で23日から運転を再開すると発表

16時30分▼北陸電力は停止中の志賀原発1、2号機について「福島第1原発事故の解明が進み、地元の理解が得られるまで動かせない」

17時40分▼使用済み核燃料を貯蔵した共用プールについて「危険が生じている状況でない」と枝野官房長官

17時55分▼原子力安全・保安院は福島第1原発の事故について、1～3号機は国際評価尺度(INES)で、米スリーマイル事故と同じ「レベル5」とする暫定評価の結果を公表

18時0分▼選抜高校野球大会の臨時運営委員会が大会の開催を決定。宮城代表の東北高校も出場へ

19時30分▼東電は19日の計画停電は実施なしと発表

24時30分▼東京消防庁が福島第1原発3号機に放水

放水準備をする自衛隊員(福島・大熊町、陸自提供)

避難所の片隅で被災者が頭を抱えていた(宮城・石巻市)

ろうそくの灯りで営業する店も(東京・文京区)

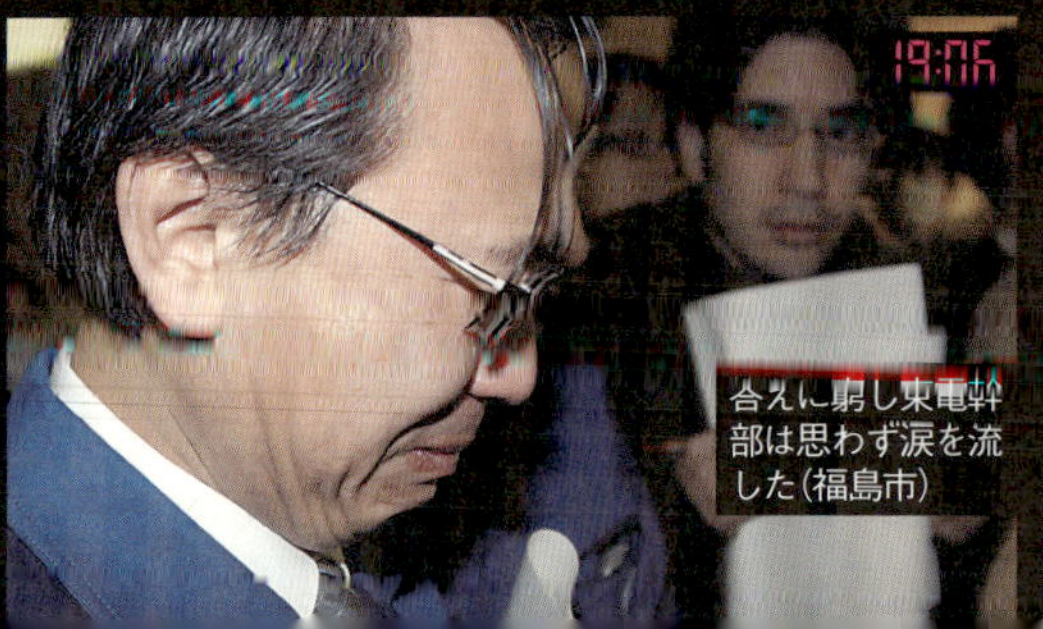

会見に臨む東電幹部は思わず涙を流した(福島市)

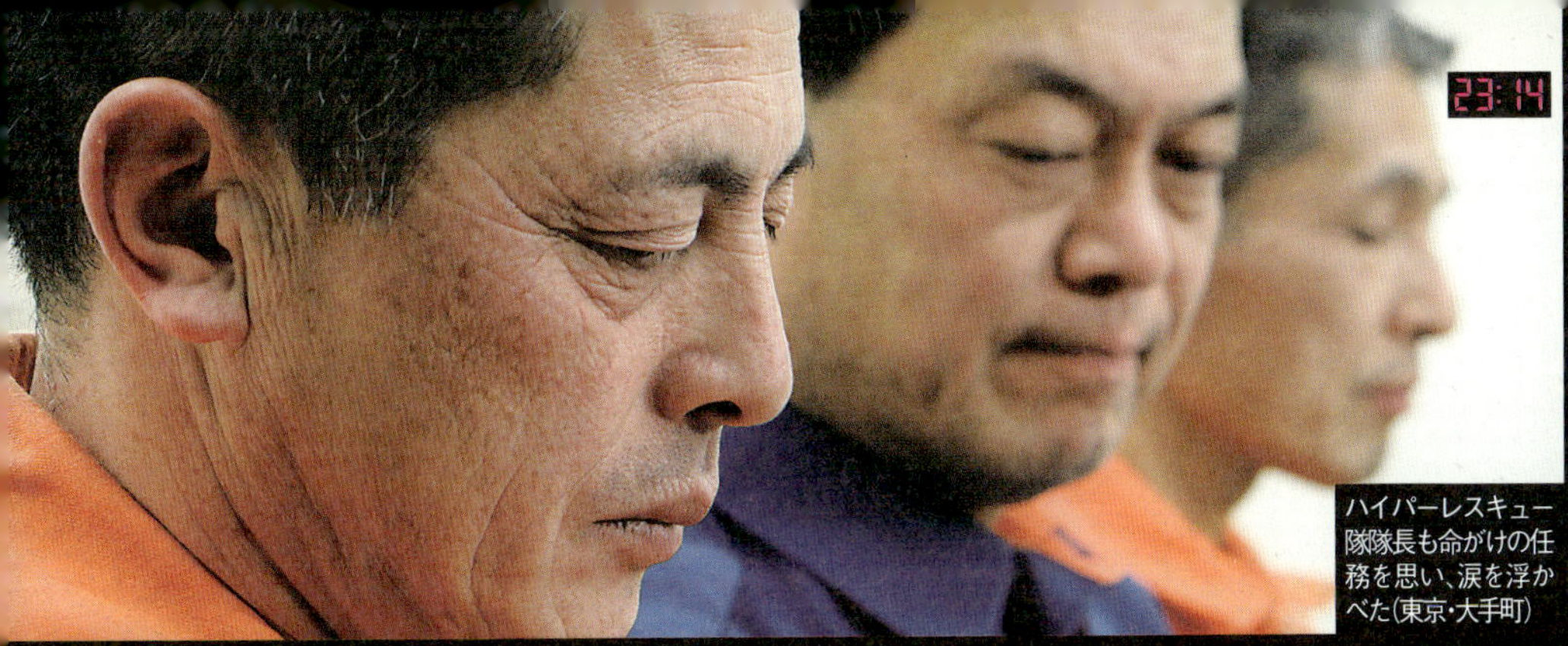

ハイパーレスキュー隊隊長も命がけの任務を思い、涙を浮かべた（東京・大手町）

海自の輸送艦「おおすみ」が救援物資を積んで入港した（仙台市）

子供たちも被災地からバスで避難した（仙台市）

食品からも放射線検出　19日（土）

4時22分▼6号機の非常用発電機が復旧。その後5号機の使用済み燃料プールの冷却再開
5時45分▼サーモグラフィーを搭載した陸上自衛隊のヘリコプターが福島第1原発の上空を飛行し、原子炉の温度変化を調査
8時10分▼東電福島第1原発西門付近で毎時830マイクロシーベルトの放射線量を観測。東電は国に通報
8時30分▼原子炉建屋で観測された瞬間的な揺れの強さを示す加速度は、3号機が最大で507ガルと東電が説明
9時42分▼岩手県釜石市で始まる予定だった仮設住宅の建設が、資材を運ぶ車のガソリンが確保できず、延期
10時0分▼東京消防庁は19日未明に福島第1原発3号機に放水した量は60トンと発表
12時0分▼放水作業した東京消防庁職員の被曝線量は最大27ミリシーベルト
14時5分▼福島第1原発3号機への東京消防庁の連続放水を開始
14時40分▼福島第1原発がある福島県双葉町の住民が、集団避難先のさいたまスーパーアリーナに到着
15時30分▼北沢防衛相が記者会見で「使用済み燃料棒が入っているプールの水が、一定の水量を確保するようにできていた」
15時45分▼北沢防衛相は、自衛隊が福島原子力発電所を調査した結果、1～4号機までの表面温度は、いずれも100度以下と発表し、「思ったより安定」
16時15分▼枝野官房長官は福島県の牛乳と茨城県のホウレンソウから基準値を超える放射線量を検出と発表
16時30分▼谷垣禎一総裁ら自民党幹部が菅首相の入閣要請を協議し、拒否を決定
17時10分▼大塚耕平厚生労働副大臣が放射能の暫定基準値を超えた牛乳やホウレンソウについて「出荷元が確認されたものは、販売を中止し、回収することになる」
18時56分▼茨城県北部で震度5強の地震
19時30分▼福島第1原発の事故で、6人の作業員が、緊急時の上限である100ミリシーベルトを超える被曝と東電
21時4分▼プロ野球セ・リーグは公式戦開幕を29日に延期。4月3日までは東京電力と東北電力管内の試合をデーゲームで行うと発表。その後、パ・リーグと同じ4月12日開幕に変更

東北高校ナインは甲子園での健闘を誓った（仙台市）

菅首相からの入閣要請を受けて、自民党幹部が協議（東京・永田町）

原発の電源復旧状況について説明する保安院幹部（東京・霞が関）

福島県双葉町から多くの被災者が避難してきた（さいたま市）

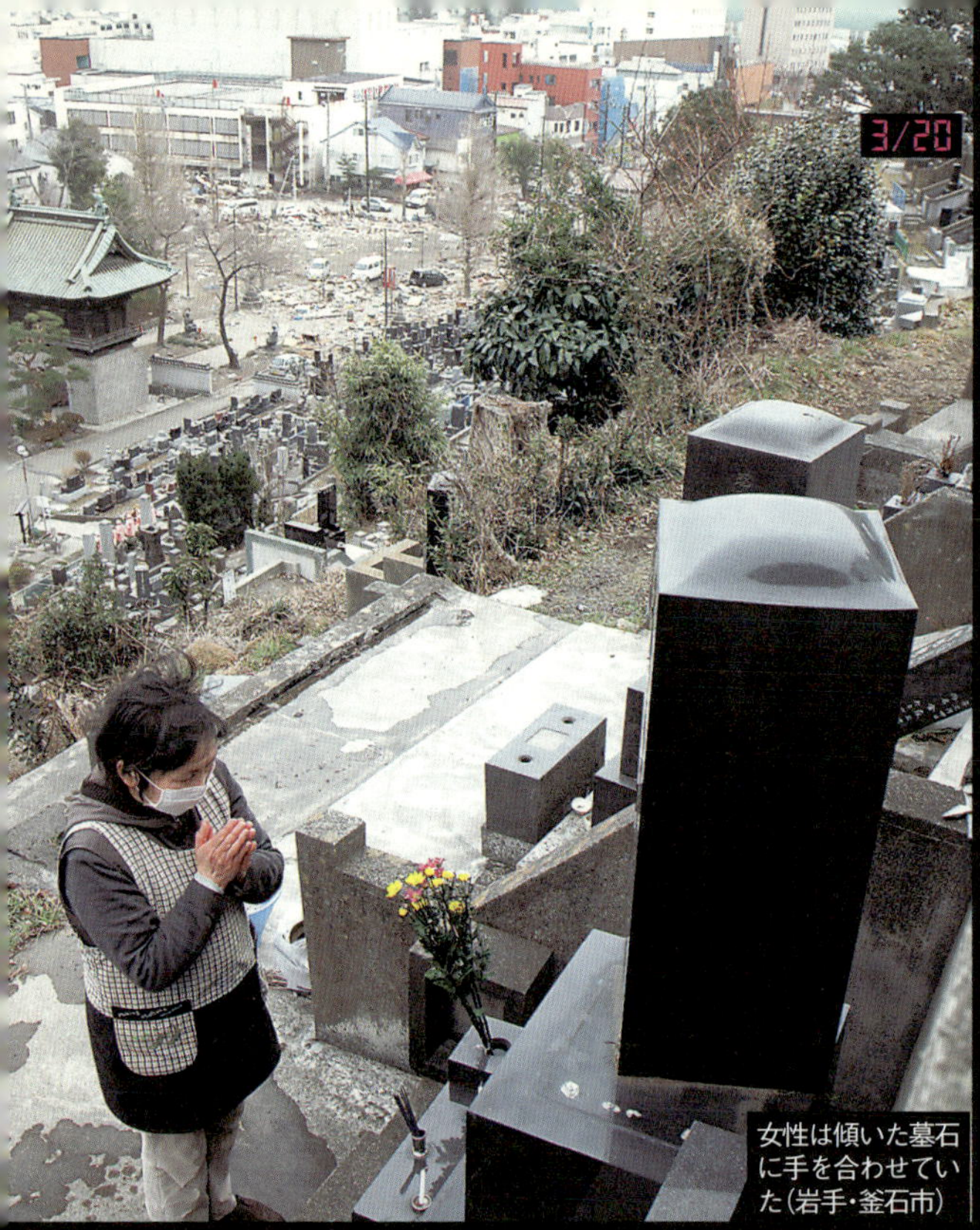

女性は傾いた墓石に手を合わせていた（岩手・釜石市）

震災発生から9日ぶりに救出された女性（宮城・石巻市）

パ・リーグは開幕の延期を決めた（東京・新高輪）

ようやく被災地にガソリンが届いた（岩手・盛岡市）

各地で水パニック広がる　20〜25日

20日

8時20分▼陸自の消防車が福島第1原発4号機に放水。4号機への放水は初

16時ごろ▼宮城県石巻市の崩壊した住宅から80歳の女性と16歳の少年を救出と県警

21日

12時50分▼プロ野球パ・リーグが東電と東北電力管内で4月中のナイターを実施しないと発表

15時55分▼福島第1原発3号機の原子炉建屋上の南東側から、やや灰色がかった煙が上がる

18時0分▼政府が、福島、茨城、栃木、群馬の4県にホウレンソウとカキナの出荷停止を指示

22日

9時すぎ▼東京株式市場の日経平均株価が8日ぶりに一時9500円台を回復

11時20分▼東北新幹線が盛岡―新青森で運転再開

17時0分▼統一地方選で、岩手、宮城、福島3県の知事選や県議選など計27件が延期決定

18時7分▼福島県の5市町の水道水で新たに1キロ当たり100ベクレルを超える放射性ヨウ素を検出

22時43分▼福島第1原発3号機の中央制御室の照明が点灯

23日

7時12分▼福島県いわき市で震度5強

7時36分▼福島県浜通りで震度5強

9時20分▼菅首相が福島県知事に県産ホウレンソウなどの摂取制限を指示と首相官邸

14時15分▼都内の浄水場で水1キロ当たり210ベクレルの放射性ヨウ素を検出。水の買い占めが始まる

16時20分▼福島第1原発3号機から黒煙との東電

18時55分▼福島県いわき市で震度5強

24日

6時0分▼東北道、磐越道で通行止めを解除

8時56分▼茨城県南部で震度5弱

10時35分▼埼玉県川口市の浄水場でも放射性ヨウ素を検出。千葉と茨城でも確認され水汚染の不安が拡大

12時▼福島第1原発3号機の作業員3人が被曝

17時21分▼宮城県石巻市で震度5弱の地震

25日

8時ごろ▼東電管内の夏場の電力不足は最大1500万キロワットと海江田経産相

19時35分▼「原発事故の事態収拾と放射能汚染への対応、被災者支援と復興に向けた準備本格化に全力」と菅首相

21時30分▼被曝の作業員3人のうち2人で「内部被曝が認められる」と放射線医学総合研究所

23時0分▼震災発生から2週間。死者1万102人、行方不明者1万7053人と警察庁

保育園は備蓄用ペットボトルの水で急場をしのいだ（東京・新宿）

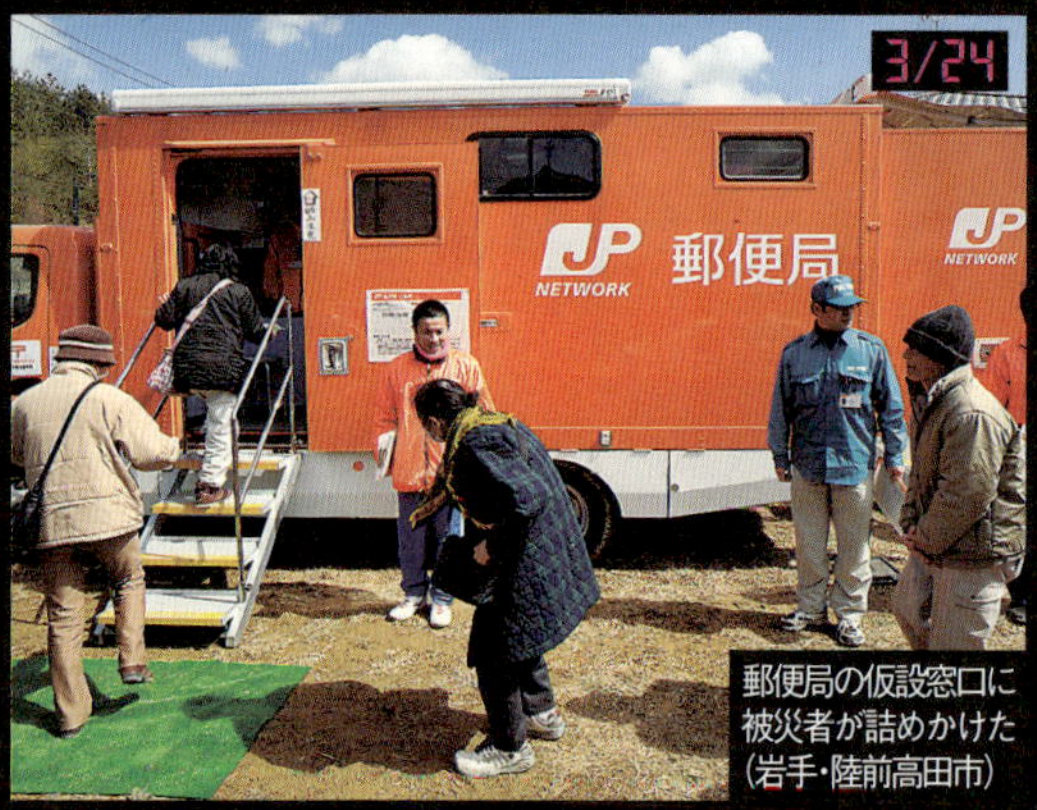

郵便局の仮設窓口に被災者が詰めかけた（岩手・陸前高田市）

被災後初の再会で、亡くなった友に黙祷を捧げる高校生（岩手・陸前高田市）

大阪府でも被災者の受け入れがスタート（大阪・住之江区）

避難所を訪問され、被災者にお見舞いの言葉をかける天皇皇后両陛下（東京・足立区、代表撮影）

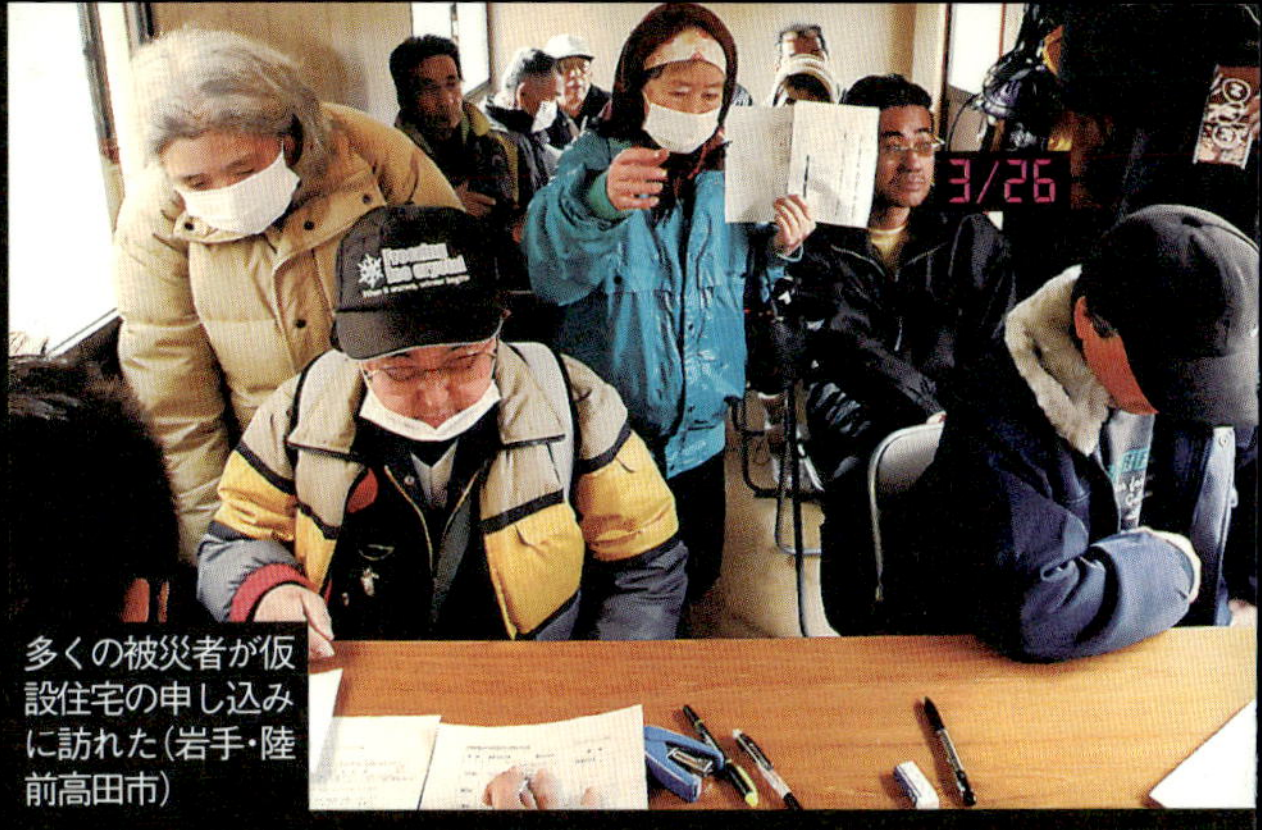

多くの被災者が仮設住宅の申し込みに訪れた（岩手・陸前高田市）

震災後初めて開催された「ゆりあげ港朝市」（宮城・名取市）

一進一退の原発対応　26～31日

26日

9時30分▼栃木県那須町に避難中の被災者22人が那須御用邸の職員用施設で入浴

16時20分▼原発事故対応担当の首相補佐官に馬淵澄夫前国土交通相が就任と枝野官房長官

17時すぎ▼東電福島事務所が、福島第1原発1号機で18日に毎時200ミリシーベルトの放射線量を計測とする午前の発表を「事実ではない」と訂正

19時18分▼岩手、宮城両県で震度4

27日

7時ごろ▼福島県棚倉町で給油待ちの82歳男性が車内で死亡。運転席に暖房用の練炭の火鉢

8時ごろ▼被災地の復旧費用で「（自治体の負担が）限りなくゼロに近いようにしたい」と片山善博総務相

28日

7時24分▼宮城県石巻市で震度5弱

11時7分▼選抜高校野球1回戦で東北高（宮城）は0・7で大垣日大高（岐阜）に敗れる

12時ごろ▼福島第1原発3号機で被曝した作業員3人が放射線医学総合研究所（千葉市）を退院

16時0分▼東北新幹線は4月下旬までに全線復旧とJR

17時30分▼福島第1原発2号機のたまり水で毎時千ミリシーベルト以上の放射線量を測定と東電

29日

9時0分▼参院予算委で、自らの視察で初動対応が遅れたとの指摘は当たらないと菅首相

11時50分▼福島第1原発4号機の中央制御室の照明が点灯。6基すべての制御室で照明が復旧

15時0分▼東京市場で東電の株価約47年ぶりの安値

19時20分▼サッカー慈善試合がキックオフ

19時54分▼宮城、福島両県で震度4

30日

11時15分▼菅直人首相がオバマ米大統領と電話会談。「日本の復興を確信している」と大統領

12時20分▼高血圧などで清水正孝社長が入院と東電

13時5分▼さいたまスーパーアリーナに集団避難の福島県双葉町民が新たな避難先の埼玉県加須市に出発

15時すぎ▼天皇陛下が東京武道館を訪問され、被災者をお見舞い。東電の勝俣恒久会長が謝罪。1～4号機の廃炉も表明

18時30分▼菅首相と電話会談したドイツのメルケル首相が福島第1原発事故に関して支援を約束

31日

11時ごろ▼福島第1原発の放水口付近で濃度限度の4385倍のヨウ素131を検出

16時15分▼岩手県花巻市で震度5弱

17時1分▼日仏首脳会談。サルコジ大統領が主要国（G8）の首脳会合の議長として全面支援を表明

火力発電所も被害甚大で稼働もままならない（宮城・七ケ浜町）

元気一杯のプレーをみせた東北ナイン（阪神甲子園球場）

早くもがれきの受け入れが始まった（宮城・名取市）

サッカー慈善試合でスタンドには「絆」の旗が掲げられた（長居スタジアム）

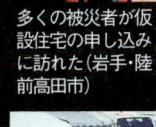

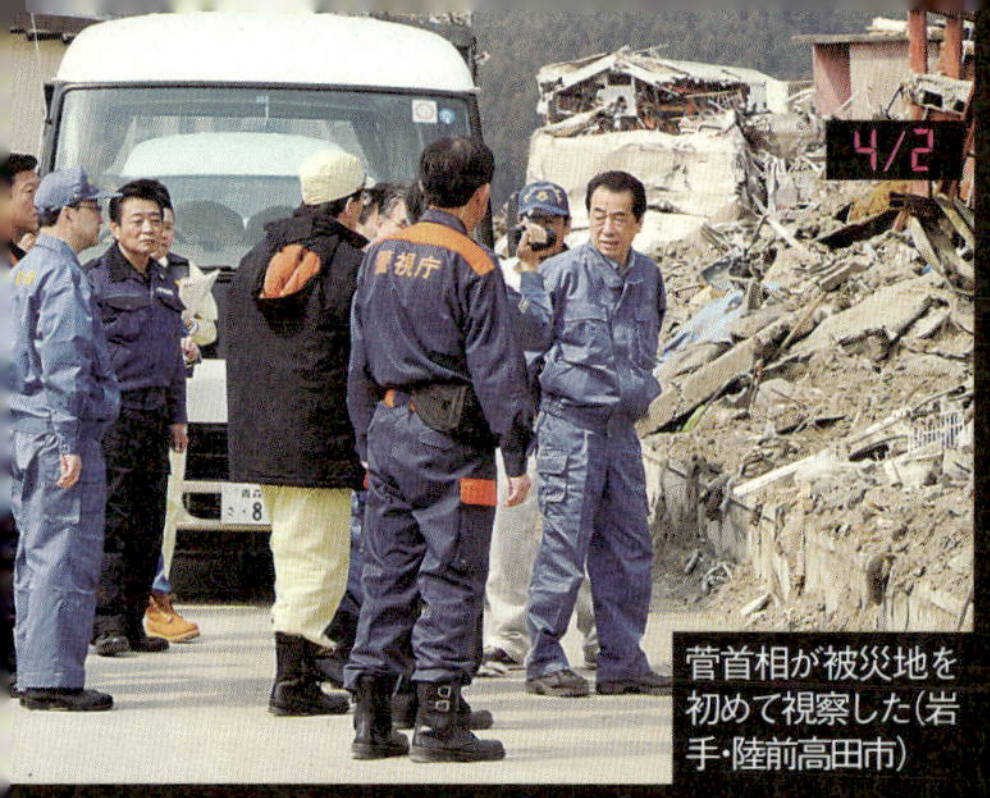

菅首相が被災地を初めて視察した（岩手・陸前高田市）

男性は震災で亡くなった同期の遺影を抱き入社式に臨んだ（東京・千代田区）

津波の爪痕が残る被災地で、自衛隊と米軍の集中捜索が始まった（宮城・名取市）

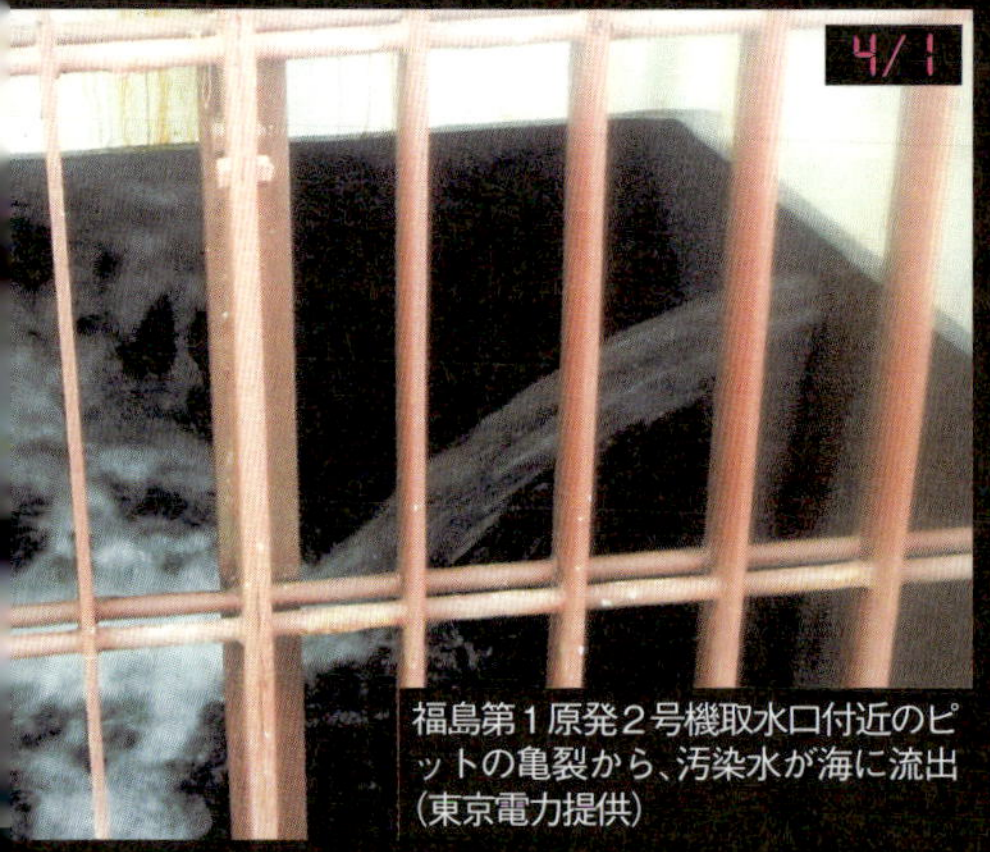

福島第１原発２号機取水口付近のピットの亀裂から、汚染水が海に流出（東京電力提供）

不来方高校の音楽部が避難所を訪問。避難者の手を握りながら一緒に歌った（岩手・釜石市）

コウナゴからセシウム　4月1～5日

1日

8時0分▼自衛隊と米軍などによる集中捜索が岩手、宮城、福島3県の沿岸部で始まる。3日間で79人の遺体を収容

8時30分▼第17回統一地方選の41道府県議選と15政令市議選がスタート。岩手、宮城、福島3県と仙台市は特例措置で延期

15時5分▼千葉県浦安市の松崎秀樹市長が統一地方選の県議選の選挙事務について、被災を理由に拒否を表明

17時31分▼菅首相「復興構想会議」の設立を表明

19時49分▼秋田県大館市で震度5強の地震

21時0分▼発生から3週間。死者1万1734人、行方不明者1万6375人と警察庁

2日

6時3分▼岩手県陸前高田市の避難所訪問と福島第1原発の事故対応に当たる作業の激励のため、菅首相がヘリで首相官邸を出発

7時25分▼千葉県選管が期日前投票の手続きをしなかった浦安市選管に是正指示

9時30分▼福島第1原発2号機の取水口付近のピットの亀裂から高い放射線量の水の海への流出を確認

12時9分▼福島第1原発の事故対応拠点「Jヴィレッジ」に首相が到着。「大変な作業に感謝」と首相

16時55分▼茨城県鉾田市で震度5弱の地震

3日

12時すぎ▼宮城県南三陸町の住民約1100人の集団避難始まる

16時38分▼宮城、福島両県で震度4の地震

4日

8時30分▼各地から派遣の自衛隊員や警察官の不在者投票が仙台市などで始まる

10時30分▼汚染拡大を防ぐため、2号機の取水口の前にフェンス設置を検討と原子力安全・保安院

15時55分▼福島第1原発施設内の放射性物質を含む廃液約1万トンを海に放出すると東電。19時すぎから実施

17時すぎ▼茨城県北茨城市でコウナゴから放射性ヨウ素を検出と厚労省。5日は暫定基準値を上回る放射性セシウムも検出された。県漁協はコウナゴ漁を自粛

18時30分▼浦安市議選は予定通り24日実施と決定

5日

10時30分▼国の原子力委員会で、新たな原子力政策大綱の策定作業中断を決定

11時ごろ▼福島第1原発事故で避難指示が出ている自治体に3月31日から見舞金の支払い開始と東電

16時10分▼原発事故対策や補償について「国の責任で最後までしっかりと対応」と菅首相。枝野官房長官は「魚介類も野菜類の暫定基準値を準用」と表明

被災地では身元不明者の集団埋葬が始まった（宮城・石巻市）

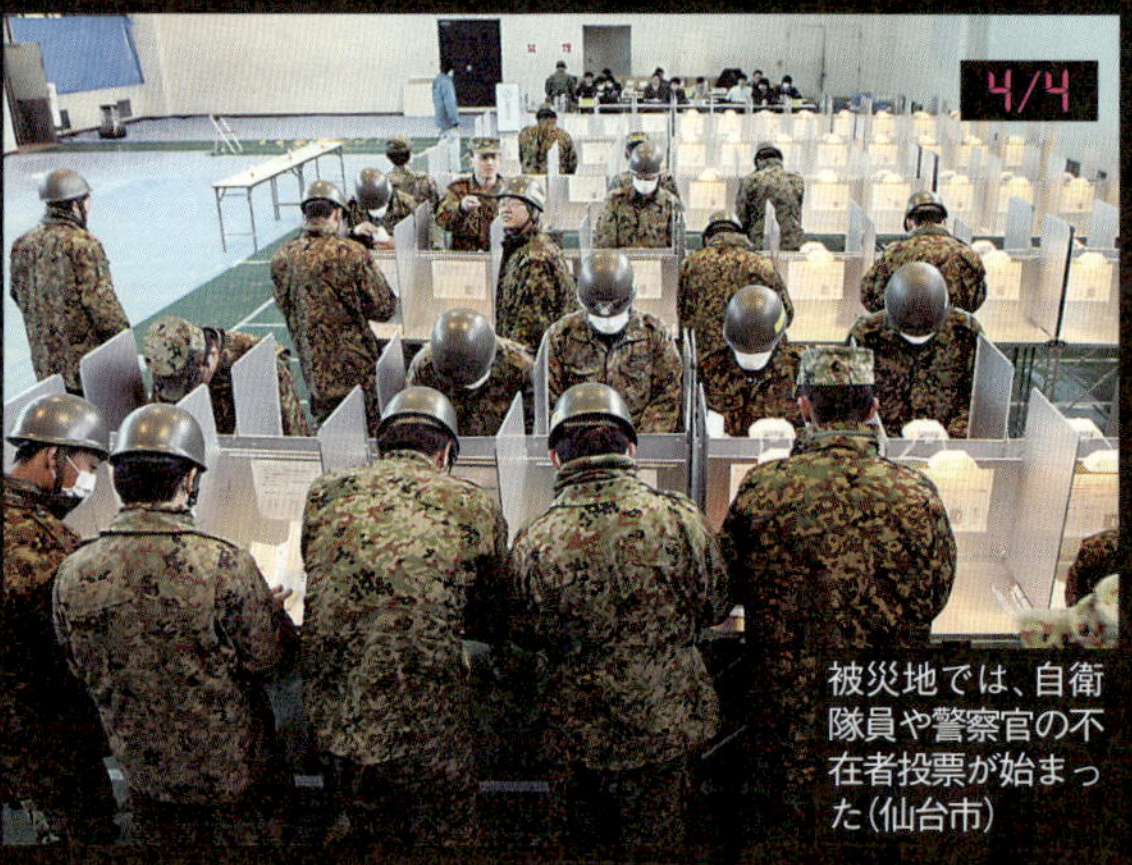

被災地では、自衛隊員や警察官の不在者投票が始まった（仙台市）

人気アイドル事務所のチャリティーイベント最終日。多くの若者が募金に訪れた（東京・代々木）

プロ野球の慈善試合が行われ、選手と観客が犠牲者の冥福を祈った（ナゴヤドーム）

最大余震で店舗の外壁も崩れ落ちた（仙台・青葉区）

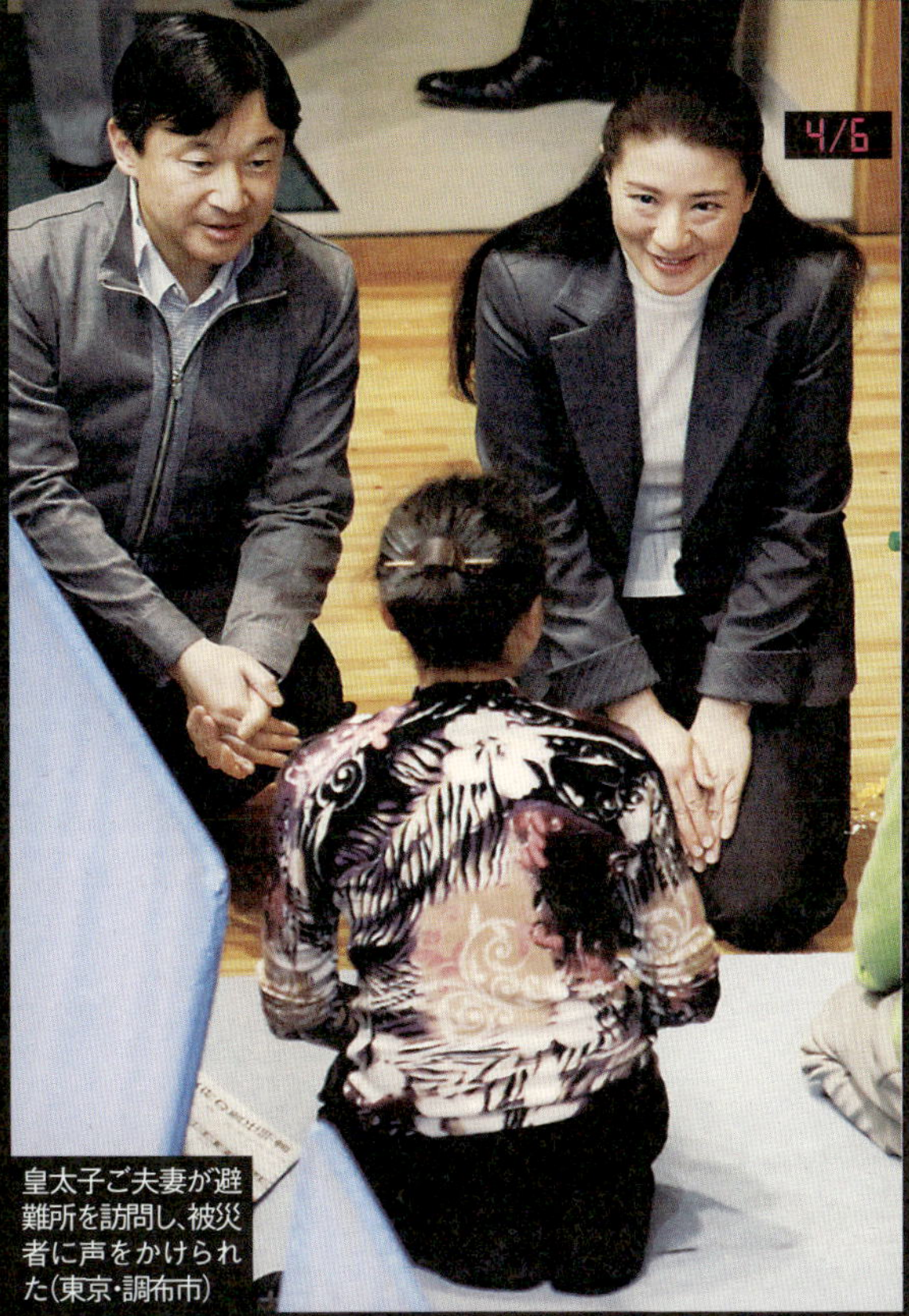

皇太子ご夫妻が避難所を訪問し、被災者に声をかけられた（東京・調布市）

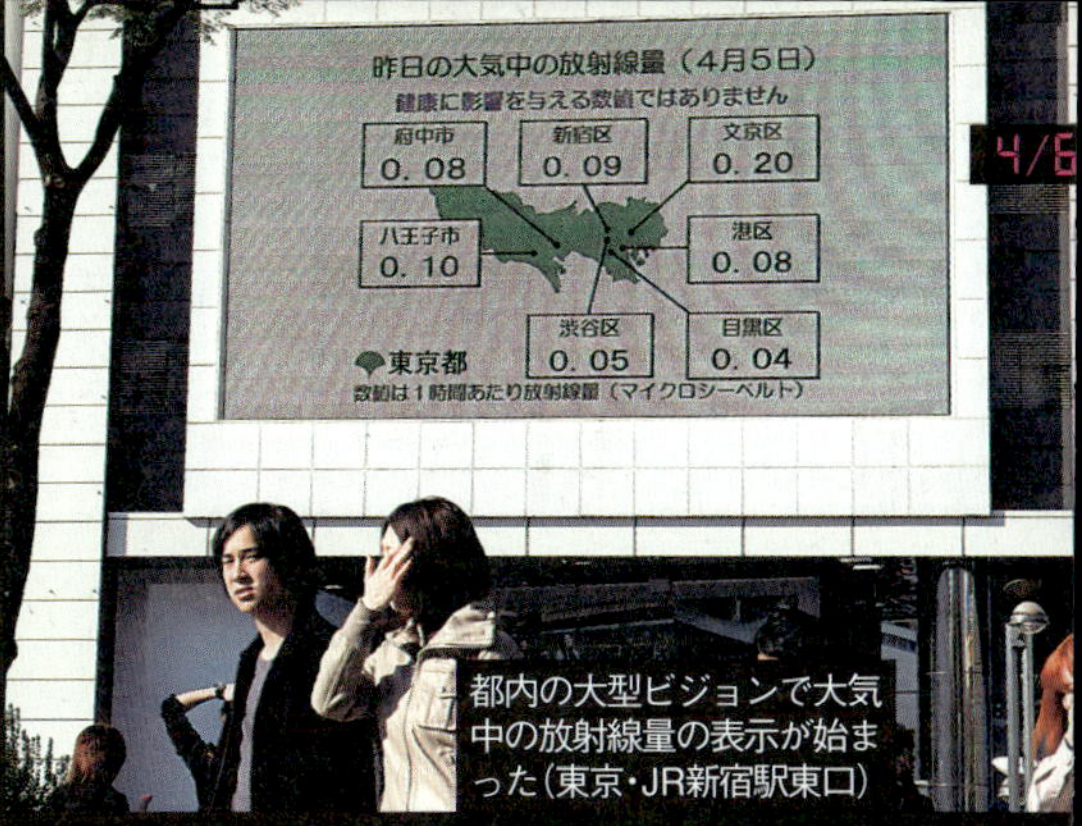

都内の大型ビジョンで大気中の放射線量の表示が始まった（東京・JR新宿駅東口）

余震を受けて、多くの被災者が着の身着のままで避難した（宮城・石巻市）

がれきの撤去を終え、米兵の被災地からの引き揚げが始まった（宮城・気仙沼市）

最大余震、震度6強　4月6〜10日

6日

5時38分▼福島第1原発2号機取水口付近から海への汚染水流出が止まったのを確認

11時5分▼放射性物質による魚介類への被害に関して「対象に含めていくのは当然」と枝野官房長官

22時30分▼水素爆発を防ぐため福島第1原発1号機の原子炉格納容器に窒素ガスを注入開始

7日

11時ごろ▼福島第1原発の20キロ圏内の住民の一時帰宅について「できるだけ実現させる方向で検討」と枝野官房長官。20〜30キロ圏内の屋内退避指示を避難指示に切り替える可能性も示唆

11時45分▼政府、民主党首脳会議。復旧・復興のための2011年度第1次補正予算案は4兆円規模を目指すとの方針確認

13時56分▼東北新幹線盛岡—一ノ関が運行再開

15時0分▼大連立について「そういう議論は全くあり得ない」と谷垣禎一自民党総裁

23時32分▼宮城県で震災後、最大となる震度6強の地震。気象庁は宮城県太平洋沿岸に津波警報。余震による死者は5人（4月9日現在）

8日

0時29分▼7日深夜の地震で、青森県六ケ所村の日本原燃の使用済み核燃料再処理工場は外部電源が遮断され、非常用電源で給電と原子力安全・保安院

11時ごろ▼計画停電は今後、原則実施しない方針と海江田経産相

11時50分▼7日の地震発生後、東北電力の東通原発と女川原発の使用済み燃料プールで一時的に冷却機能が喪失と原子力安全・保安院

9時すぎ▼岩手県陸前高田市で仮設住宅の入居始まる

9日

12時30分▼夏の甲子園代表校を決める県大会は開催する方向で一致したと東北6県の高野連

18時すぎ▼福島県いわき市沖で取れたコウナゴから基準値を上回る放射性セシウムを検出と厚労省

18時42分▼宮城県北部で震度5弱の地震

7時0分▼統一地方選前半戦の投票が42都道府県で順次始まる。液状化被害を理由に千葉県議選の選挙事務を拒否した浦安市では投票が行われず

10日

8時25分▼菅首相が宮城県の被災地視察のため自衛隊機で航空自衛隊松島基地に到着。その後、石巻市役所で村井嘉浩知事や市長らと会談し「仮設住宅は7万戸を当面の目標として進めたい」

18時0分▼茨城県産原乳の出荷停止を解除

都内の被災者が皇居に招かれ、満開の桜の下、散策した（東京・皇居）

余震の影響で信号機が消え、警察官が交通整理にあたった（岩手・宮古市）

旧グランドプリンスホテル赤坂も避難所となった（東京・紀尾井町）

ボランティアが駅前の通りをブラシで一斉に清掃、泥に覆われた道がきれいになった（宮城・石巻市）

被災した子供たちも避難先で入学式を迎えた（埼玉・加須市）

そこに生活があった

岩手、宮城、福島３県の町並みを震災前に撮影した航空写真（仙台市の芳村忠男さん撮影）をもとに、同じ角度から改めて写した。２枚の写真を比べると、大津波のすさまじさが改めてわかる。町が跡形もなく消えている。

3月28日

2010年３月

▲岩手県大槌町

▼岩手県宮古市田老地区

3月28日

2010年３月

▼岩手県釜石市鵜住居地区

３月29日

2007年10月

３月24日

2011年２月

▲宮城県名取市閖上地区

▼福島県相馬市尾浜地区

３月28日

2010年３月

▼宮城県石巻市

３月29日

2007年５月

▼仙台市若林区荒浜地区

３月24日

2004年６月

天皇陛下のお言葉

平成二十三年三月十六日

この度の東北地方太平洋沖地震は、マグニチュード9・0という例を見ない規模の巨大地震であり、被災地の悲惨な状況に深く心を痛めています。地震や津波による死者の数は日を追って増加し、犠牲者が何人になるのかも分かりません。一人でも多くの人の無事が確認されることを願っています。また、現在、原子力発電所の状況が予断を許さぬものであることを深く案じ、関係者の尽力により事態の更なる悪化が回避されることを切に願っています。

現在、国を挙げての救援活動が進められていますが、厳しい寒さの中で、多くの人々が、食糧、飲料水、燃料などの不足により、極めて苦しい避難生活を余儀なくされています。その速やかな救済のために全力を挙げることにより、被災者の状況が少しでも好転し、人々の復興への希望につながっていくことを心から願わずにはいられません。そして、何にも増して、この大災害を生き抜き、被災者としての自らを励ましつつ、これからの日々を生きようとしてい

る人々の雄々しさに深く胸を打たれています。

自衛隊、警察、消防、海上保安庁を始めとする国や地方自治体の人々、諸外国から救援のために来日した人々、国内のさまざまな救援組織に属する人々が、余震の続く危険な状況の中で、日夜救援活動を進めている努力に感謝し、その労を深くねぎらいたく思います。

今回、世界各国の元首から相次いでお見舞いの電報が届き、その多くに各国国民の気持ちが被災者と共にあるとの言葉が添えられていました。これを被災地の人々にお伝えします。

海外においては、この深い悲しみの中で、日本人が、取り乱すことなく助け合い、秩序ある対応を示していることに触れた論調も多いと聞いています。これからも皆が相携え、いたわり合って、この不幸な時期を乗り越えることを衷心より願っています。

被災者のこれからの苦難の日々を、私たち皆が、様々な形で少しでも多く分かち合っていくことが大切であろうと思います。被災した人々が決して希望を捨てることなく、身体（からだ）を大切に明日からの日々を生き抜いてくれるよう、また、国民一人びとりが、被災した各地域の上にこれからも長く心を寄せ、被災者とともにそれぞれの地域の復興の道のりを見守り続けていくことを心より願っています。

菅総理1カ月全行動

11日 対策本部設置

【午前】6時16分、福山哲郎官房副長官、細野豪志、寺田学両首相補佐官が公邸に入った。7時24分、全員出た。33分、公邸発。35分、国会着。36分、院内大臣室。40分から47分、障がい者制度改革推進本部。51分から56分、総合海洋政策本部会合。8時11分から16分、寺田氏。17分、閣議開始。37分、閣議終了。38分から43分、枝野幸男官房長官、福山、寺田両氏。52分、参院第1委員会室。55分、参院決算委員会開会。11時54分、参院決算委休憩。56分、国会発。58分、官邸着。59分。執務室。

【午後】0時54分、官邸発。55分、国会着。57分、参院第1委員会室。1時、参院決算委再開。2時50分、参院決算委休憩。55分、国会発。56分、官邸着。57分、執務室。3時7分、執務室を出て内閣危機管理センター。緊急災害対策本部に出席。4時5分、同センターを出て執務室。11分、大会議室。12分から23分、全閣僚出席の緊急災害対策本部。25分、執務室。26分、福山氏、伊藤哲朗内閣危機管理監、千代幹也内閣広報官、寺田氏が入った。30分、民主党の仙谷由人代表代行、岡田克也幹事長が加わった。37分、伊藤氏が出た。44分、岡田氏が出た。47分、福山、千代両氏が出た。52分、寺田、仙谷両氏が出た。55分から57分、記者会見。58分、記者会見室を出て執務室。59分、細野、寺田両氏が入った。5時42分、海江田万里経済産業相が加わった。44分、福山氏が加わった。6時3分、全員出た。11分、大会議室。12分、与野党党首会談開始。17分、同会談を途中退席し、18分、執務室。34分から7時6分、中野寛成国家公安委員長、伊藤氏。8分、大会議室。9分から22分、緊急災害対策本部。23分から38分、原子力災害対策本部。39分、大会議室を出て執務室。41分、海江田氏、藤井裕久官房副長官、福山、細野、寺田3氏が入った。8時17分、藤井氏が出た。24分、海江田氏が出た。26分、福山、細野、寺田3氏が出た。27分、執務室を出て内閣危機管理センター。11時55分、内閣危機管理センターを出て執務室。

12日 原発ヘリで視察

【午前】0時15分から25分、オバマ米大統領と電話会談。松本剛明外相、高橋千秋外務副大臣、梅本和義外務省北米局長、福山哲郎官房副長官同席。40分から52分、枝野幸男官房長官、福山氏。53分、内閣危機管理センター。1時36分、執務室。5時31分、同センター。6時8分、官邸エントランスで大地震を受けたコメント発表。14分、陸上自衛隊ヘリコプターで官邸屋上ヘリポート発。班目春樹原子力安全委員会委員長、寺田学首相補佐官同行。7時11分、福島県大熊町の東京電力福島第1原子力発電所着。19分、重要免震棟。23分、東京電力副社長の武藤栄原子力・立地本部長による説明。池田元久経済産業副大臣同席。47分、武藤氏の説明終了。8時4分、陸自ヘリで同原発発。29分、仙台市の陸自霞目駐屯地着。35分、陸自ヘリで同駐屯地を発。宮城県沿岸部の被災地を上空から視察。9時14分、同駐屯地着。同17分、陸自ヘリで同駐屯地発。10時47分、官邸屋上ヘリポート着。50分、執務室。11時13分から34分、海江田万里経済産業相。35分、大会議室。36分、緊急災害対策本部および原子力災害対策本部の会議開始。

【午後】0時18分、緊急災害、原子力両対策本部の会議終了。20分、執務室。42分から55分、民主党の仙谷由人代表代行、岡田克也幹事長。2時59分、大会議室。3時1分から4時3分、与野党党首会談。4分、執務室。59分から5時25分、玄葉光一郎国家戦略担当相。6時44分、海江田氏、福山、寺田氏、細野豪志、芝博一両首相補佐官が加わった。49分、松本龍防災担当相が加わった。53分、松本氏が出た。58分、寺田、芝両氏が出た。8時10分、福山、細野両氏が出た。29分、海江田氏が出た。31分、記者会見室。32分から41分、記者会見。42分、執務室。9時33分、大会議室。34分から10時19分、緊急、原子力両災害対策本部。22分、執務室。29分、玄葉、細野両氏が入った。45分、玄葉氏が出た。11時1分、細野氏が出た。

13日 計画停電発表

【午前】0時5分、執務室を出て内閣危機管理センター。20分、執務室。1時2分、海江田万里経済産業相が入った。16分から48分、福山哲郎官房副長官が加わった。5時50分、海江田氏が出た。7時57分から9時3分、海江田氏。32分から10時18分、大会議室で緊急災害対策本部および原子力災害対策本部の会議。20分、執務室。21分、海江田氏が入った。51分、松下忠洋経産副大臣が加わった。11時8分、海江田氏が出た。9分、佐々木則夫東芝社長が加わった。

【午後】1時23分、佐々木東芝社長が出た。46分から2時44分、清水正孝東京電力社長。45分から3時7分、谷垣禎一自民党総裁と党首会談。岡田克也民主党幹事長、石原伸晃自民党幹事長同席。30分から45分、韓国の李明博大統領と電話会談。伴野豊外務副大臣同席。55分から4時10分、オーストラリアのギラード首相と電話会談。伴野氏同席。30分から54分、福島瑞穂社民党党首と会談。民主党の岡田、社民党の重野安正両幹事長ら同席。5時から21分、亀井静香国民新党代表と会談。7時49分から58分、記者会見室で会見。計画停電発表。59分、執務室。8時56分から58分、特別応接室で蓮舫行政刷新担当相に節電啓発担当相の補職辞令、辻元清美首相補佐官の辞令を交付。枝野幸男官房長官、藤井裕久、福山、滝野欣弥各官房副長官同席。9時から39分、大会議室で緊急災害対策本部および原子力災害対策本部。40分から52分、電力需給緊急対策本部。58分から10時18分、小ホールで経済情勢に関する検討会合。21分、執務室。22分、民主党の仙谷由人代表代行、岡田幹事長、安住淳国対委員長、輿石東参院議員会長が入った。45分、全員出た。

14日 仮設住宅指示

【午前】8時46分、官邸執務室に加藤公一、細野豪志、寺田学各首相補佐官が入った。55分、加藤氏が出た。9時31分、細野、寺田両氏が出た。33分から10時1分、大会議室で緊急災害対策本部および原子力災害対策本部。仮設住宅など指示。2分、執務室。17分、海江田万里経済産業相が入った。55分、海江田氏が出た。56分から11時18分、公明党の山口那津男代表、斉藤鉄夫幹事長代行。30分、海江田氏、枝野幸男、福山哲郎正副官房長官、伊藤哲朗内閣危機管理監が入った。38分、枝野、福山両氏が出た。45分、枝野、福山両氏が加わった。

【午後】0時38分、全員出た。54分、枝野氏が入った。2時、中山義活経済産業政務官が加わった。12分、中山氏が出た。13分、片山善博総務相が加わった。35分、片山氏が出た。3時46分、枝野氏が出た。4時24分から54分、中西宏明日立製作所社長。5時30分から49分、ロシアのメドベージェフ大統領と電話会談。伴野豊外務副大臣同席。50分から6時5分、ニュージーランドのキー首相と電話会談。伴野氏、外務省の杉山晋輔アジア大洋州局長同席。8分から21分、片山氏、逢坂誠二総務政務官。8時45分、玄葉光一郎科学技術政策担当相が入った。9時6分、玄葉氏が出た。37分から54分、枝野氏。55分、内閣危機管理センター。10時7分、執務室。

15日 早朝、東電へ

【午前】4時17分から35分、官邸執務室で清水正孝東京電力社長。5時26分から28分、官邸エントランスで、東京電力福島第1原発の事故に関する政府と東電の統合連絡本部設置を発表。29分、官邸発。35分、東京・内幸町の東京電力着。福島原発事故対策統合連絡本部。8時39分、同所発。46分、官邸着。47分、執務室。9時30分、閣僚応接室。31分、閣議室に移り、閣議開始。56分、閣議終了。57分、執務室。10時24分から41分、海江田万里経済産業相。11時1分から6分、記者会見室で記者会見。7分、執務室。31分、枝野幸男官房長官が入った。34分、海江田氏が加わった。39分、北沢俊美防衛相が加わった。

【午後】0時3分、全員出た。32分、大会議室。33分から53分、緊急災害対策本部。54分から1時14分、原子力災害対策本部。17分、執務室。2時22分から57分、小ホールで地震対策に関する政府・民主党連絡会議。58分、執務室。59分から3時46分、斉藤正樹東工大教授。47分から57分、田中真紀子、沓掛哲男両民主党衆院議員ら。58分、北沢氏が入った。4時24分、北沢氏が出た。25分から51分、古賀伸明連合会長。52分から5時26分、伊藤哲朗内閣危機管理監。49分から7時25分、東祥三内閣府副大臣。26分から47分、細野豪志首相補佐官。8時12分から32分、斎藤勁民主党国対委員長代理。33分から51分、玄葉光一郎科学技術政策担当相。58分から10時5分、海江田氏。

16日 笹森氏らと会談

【午前】9時43分から57分、官邸執務室に枝野幸男、福山哲郎正副官房長官。10時18分から26分、加藤公一首相補佐官。11時48分から58分、平野達男内閣府副大臣。

【午後】0時46分、北沢俊美防衛相、防衛省の中江公人事務次官、下平幸二情報本部長が入った。1時8分、細野豪志首相補佐官が加わった。15分、細野氏が出た。23分、全員出た。4時2分、大会議室。3分から45分、緊急災害対策本部。46分から53分、原子力災害対策本部。55分、執務室。56分から5時1分、小佐古敏荘東大大学院教授に内閣官房参与の辞令交付。7分から52分、北沢氏。6時5分、笹森清内閣特別顧問が入った。15分、辻元清美首相補佐官が加わった。20分、笹森、辻元両氏が出た。42分から47分、仙谷由人民主党代表代行。48分から7時6分、松本剛明外相。7分から54分、細野氏。8時8分から27分、斎藤勁民主党国対委員長代理。10時16分から23分、潘基文国連事務総長と電話会談。伴野豊外務副大臣、鶴岡公二外務省総合外交政策局長同席。

17日 仙石氏らを起用

【午前】7時47分、福山哲郎官房副長官が入った。8時30分、枝野幸男官房長官、経済産業省の松永和夫事務次官、細野哲弘資源エネルギー庁長官が加わった。44分、全員出た。10時22分から52分、オバマ米大統領と電話会談。松本剛明外相、梅本和義外務省北米局長同席。

【午後】0時33分から43分、斎藤勁民主党国対委員長代理。54分、官邸発。55分、国会着。56分、衆院本会議場。1時2分、衆院本会議開会。4分から5分、東日本大震災を受け黙祷（もくとう）。6分、衆院本会議を途中退席し、国会発。8分、官邸着。9分、執務室。10分、北沢俊美防衛相、防衛省の中江公人事務次官、折木良一統合幕僚長、下平幸二情報本部長が入った。43分、全員出た。44分から59分、細野豪志首相補佐官。2時20分、小ホール。21分から44分、地震対策に関する政府・民主党連絡会議。45分、執務室。4時53分から5時30分、経産省の松永氏。6時、大会議室。1分から13分、緊急災害対策本部。14分から27分、原子力災害対策本部。28分、執務室。29分、海江田万里経済産業相、北沢氏、中野寛成国家公安委員長、細野氏が入った。33分、細川律夫厚生労働相が加わった。48分、全員出た。7時21分から46分、枝野氏。48分、官邸発。55分、皇居着。内奏。仙谷由人民主党代表代行の官房副長官認証式。8時38分、皇居発。48分、官邸着。49分、執務室。50分から57分、藤井裕久首相補佐官に辞令交付。58分から9時20分、仙谷氏。11時3分から18分、細野氏。

18日 初めて公邸戻る

【午前】9時21分から29分、官邸執務室に松永和夫経済産業事務次官。31分、閣僚応接室。32分から52分、閣議室で閣議。53分、執務室。54分、片山善博総務相、海江田万里経済産業相、北沢俊美防衛相、折木良一統合幕僚長が入った。10時1分、中野寛成国家公安委員長が加わった。28分、片山、中野両氏が出た。56分、北沢、折木両氏が出た。59分、海江田氏が出た。11時24分から39分、岡田克也民主党幹事長。

【午後】1時26分から39分、杉山晋輔外務省アジア大洋州局長。40分から43分、枝野幸男官房長官。49分から58分、松本剛明外相。2時15分から30分、特別応接室で国際原子力機関（IAEA）の天野之弥事務局長が表敬。福山哲郎官房副長官ら同席。31分、執務室。3時46分から58分、笹森清内閣特別顧問。7時から15分、フランスのサルコジ大統領と電話会談。松本、福山両氏、外務省の西宮伸一外務審議官、小寺次郎欧州局長、岡田秀一経済産業審議官ら同席。8時12分、記者会見室。13分から27分、記者会見。29分、執務室。34分から48分、小川勝也防衛副大臣、岩崎茂航空幕僚長。49分から54分、斎藤勁民主党国対委員長代理。55分から9時2分、松本龍防災担当相。7分、内閣危機管理センター。20分、執務室。31分から45分、細野豪志首相補佐官。47分、官邸発。48分、公邸着。

19日 谷垣氏に打診

【午前】7時57分、公邸発。58分、官邸着。59分、執務室。11時3分から48分、民主党の鳩山由紀夫前首相、小沢一郎元代表、前原誠司前外相。

【午後】0時58分、北沢俊美防衛相、自衛隊の折木良一統合幕僚長、下平幸二情報本部長、細野豪志首相補佐官が入った。1時53分、下平氏が出た。2時6分、全員出た。3時59分から4時9分、平野達男内閣府副大臣。34分から5時7分、作家の石川好氏。6時1分から55分、ルース駐日米大使。福山哲郎官房副長官、佐々江賢一郎外務事務次官同席。8時29分、官邸発。30分、公邸着。この日午後、自民の谷垣禎一総裁に電話で入閣要請し、拒否された。

20日 防大卒業式出席

【午前】7時58分、公邸発。59分、官邸着。8時、執務室。9分から9時、細野豪志首相補佐官。26分、陸上自衛隊ヘリコプターで官邸屋上のヘリポート発。43分、神奈川県横須賀市の防衛大学校着。50分から59分、防大の応接室で北沢俊美防衛相、中江公人防衛事務次官、五百旗頭真校長、森本敏拓殖大大学院教授ら。10時5分、記念講堂。10分から11時57分、防大卒業式。

【午後】0時16分、陸自ヘリで防大発。33分、官邸屋上ヘリポート着。36分、執務室。54分から1時6分、福山哲郎官房副長官。3時から37分、細野氏。4時から26分、北陸先端科学技術大学院大学の日比野靖副学長、防大の山口昇教授に内閣官房参与の辞令交付。27分から50分、斎藤勁民主党国対委員長代理。7時51分、細野氏が入った。8時17分、北沢氏、枝野幸男官房長官、福山氏、防衛省の折木良一統合幕僚長、下平幸二情報本部長が加わった。41分、松本剛明外相、梅本和義外務省北米局長が加わった。9時18分、松本、枝野、福山、梅本各氏が出た。25分、細野氏が出た。36分、北沢、折木、下平各氏が出た。38分、官邸発。39分、公邸着。

21日 石原知事と会談

【午前】7時56分、公邸発。58分、官邸着。59分、執務室。8時15分から30分、村井嘉浩宮城県知事らと電話。11時30分、五十嵐敬喜内閣官房参与、河野栄次、宮崎徹両内閣府参与、小野善康内閣府経済社会総合研究所長が入った。

【午後】0時12分、辻元清美首相補佐官が加わった。45分、全員出た。3時28分から50分、仙谷由人官房副長官。53分から57分、石原慎太郎東京都知事。4時2分、執務室を出て大会議室。3分から42分、緊急災害対策本部および原子力災害対策本部。43分、執務室。44分から54分、片山善博総務相。5時28分から55分、岡田克也民主党幹事長。7時51分から8時15分、細野豪志首相補佐官。31分、官邸発。33分、公邸着。

22日 教授らを参与に

【午前】8時1分、公邸発。2分、官邸着。3分、執務室。16分、閣僚応接室。17分、閣議室に移り、閣議開始。28分、閣議終了。29分、執務室。30分、北沢俊美防衛相、折木良一統合幕僚長、福山哲郎官房副長官が入った。49分、福山氏が出た。9時23分、北沢、折木両氏が出た。30分から10時1分、民主党の安住淳国対委員長、斎藤勁国対委員長代理、中川正春衆院予算委員会筆頭理事、後藤斎国対副委員長。

【午後】0時55分、官邸発。56分、国会着。57分、衆院本会議場。58分から1時1分、枝野幸男官房長官、井戸正枝、福田衣里子両民主党衆院議員。2分から10分、衆院本会議。12分、国会発。13分、官邸着。14分、執務室。3時8分から42分、細野豪志首相補佐官。43分から59分、東工大の有冨正憲、斉藤正樹両教授に内閣官房参与の辞令交付。4時から17分、寺坂信昭原子力安全・保安院院長、近藤駿介原子力委員会委員長、班目春樹原子力安全委員会委員長。細野氏と寺田学首相補佐官同席。25分から40分、斎藤勁氏。6時から15分、欧州連合（EU）のファンロンパイ大統領と電話会談。外務省の伴野豊副大臣、小寺次郎欧州局長、経済産業省の岡田秀一経済産業審議官同席。7時40分から48分、芝博一首相補佐官。8時58分、官邸発。9時、公邸着。

23日 大前氏と会談

【午前】7時56分、公邸発。57分、官邸着、執務室。10時33分から11時5分、福山哲郎官房副長官、細野豪志首相補佐官。53分、経営コンサルタントの大前研一氏が入った。

【午後】0時38分、大前氏が出た。1時から15分、インドのシン首相と電話会談。伴野豊外務副大臣同席。54分から2時6分、枝野幸男官房長官。8分、小ホール。9分、月例経済報告関係閣僚会議開始。12分、同会議を途中退席し、13分、執務室。35分から3時30分、枝野、福山両氏、寺田学首相補佐官、空本誠喜民主党衆院議員。5時から58分、寺田氏、五十嵐敬喜内閣官房参与、河野栄次内閣府参与、小野善康内閣府経済社会総合研究所長。6時53分から7時3分、細野氏。8時34分から49分、加藤公一前首相補佐官。9時22分、官邸発。24分、公邸着。

24日 班目氏らと会談

【午前】7時58分、公邸発。59分、官邸着。8時、執務室。41分、班目春樹原子力安全委員会委員長が入った。9時、海江田万里経済産業相、枝野幸男官房長官、福山哲郎官房副長官、寺田学、細野豪志両首相補佐官、武藤栄東京電力副社長が加わった。39分、班目、武藤両氏が出た。10時5分、全員出た。57分から11時24分、斎藤勁民主党国対委員長代理。

【午後】1時40分から50分、尾本彰原子力委員会委員。4時2分から18分、英国のキャメロン首相と電話会談。松本剛明外相、小寺次郎外務省欧州局長、経済産業省の岡田秀一経済産業審議官同席。5時35分、官邸発。36分、東京・永田町の内閣府本府着。被災者生活支援特別対策本部事務局で職員を激励。40分、同所発。41分、官邸着。42分、執務室。8時26分から47分、仙谷由人官房副長官。9時6分、官邸発。7分、公邸着。

25日 6日ぶり会見

【午前】7時57分、公邸発。58分、官邸着。59分、執務室。8時18分、閣僚応接室。19分、閣議室に移り、閣議開始。32分、閣議終了。33分、執務室。10時39分から11時28分、枝野幸男、福山哲郎正副官房長官、細野豪志、寺田学両首相補佐官。

【午後】0時55分、官邸発。57分、国会着。58分、衆院本会議場。1時1分から14分、衆院本会議。15分、国会発。17分、官邸着。18分、執務室。19分から27分、外務省の西宮伸一外務審議官。56分から2時30分、石原信雄元官房副長官。3時43分から4時21分、福山、寺田両氏。5時33分から54分、加藤公一民主党衆院議員。56分から6時25分、福山氏。7時33分、記者会見室。34分から48分、記者会見。50分、執務室。54分から8時13分、高木義明文部科学相。53分、岡田克也民主党幹事長が入った。57分、安住淳民主党国対委員長が加わった。9時1分、玄葉光一郎民主党政調会長が加わった。8分、輿石東民主党参院議員会長、枝野氏、仙谷由人官房副長官が加わった。10時20分、全員出た。21分、細野氏。30分、枝野、仙谷両氏が加わった。11時2分、細野氏が出た。6分、仙谷氏が出た。10分、枝野氏が出た。18分、官邸発。19分、公邸着。

26日 馬淵氏を起用

【午前】8時57分、公邸発。58分、官邸着。59分、執務室。11時10分から34分、福山哲郎官房副長官、津川祥吾国土交通政務官、寺田学首相補佐官。

【午後】0時56分から1時44分、細野豪志首相補佐官、寺田氏。3時15分から30分、笹森清内閣特別顧問。31分から53分、馬淵澄夫民主党衆院議員に首相補佐官の辞令交付。54分から4時7分、馬淵首相補佐官、寺田氏。8分から50分、仙谷由人官房副長官。51分から5時6分、松本剛明外相、小寺次郎外務省欧州局長。7分から55分、片山善博総務相、野田佳彦財務相、枝野幸男官房長官。7時22分、執務室を出て小ホール。23分から8時4分、記者団と懇談。5分、小ホールを出て執務室。6分から55分、石井一民主党選対委員長。9時9分、官邸発。10分、公邸着。

27日 山口氏らと会談

【午前】9時58分、公邸発。59分、官邸着、執務室。10時33分から59分、斎藤勁民主党国対委員長代理。11時から41分、山口二郎、遠藤乾両北海道大教授。

【午後】0時58分から1時36分、玄葉光一郎国家戦略担当相。37分から59分、北沢俊美防衛相。2時から52分、経営コンサルタントの大前研一氏。3時13分から36分、東祥三内閣府副大臣、寺田学民主党衆院議員。39分から4時5分、細野豪志首相補佐官。29分から42分、枝野幸男官房長官。5時13分から52分、田坂広志多摩大大学院教授、長島昭久民主党衆院議員、細野氏。6時15分から26分、斎藤氏。34分から58分、枝野氏、福山哲郎官房副長官。7時13分から20分、海江田万里経済産業相、寺田氏。43分から55分、細野氏。8時5分から51分、田坂氏。9時51分、田坂、細野両氏が入った。53分、福山氏が加わった。10時24分、全員出た。42分、執務室を出て、43分、官邸発。44分、公邸着。

28日 防衛省初視察

【午前】8時58分、公邸発。59分、官邸着、執務室。10時57分から11時15分、末松義規内閣府副大臣。16分から24分、芝博一首相補佐官。51分、松本健一内閣官房参与が入る。

【午後】0時22分、松本氏が出る。23分から38分、寺田学民主党衆院議員。4時16分、官邸発。28分、東京・市谷本村町の防衛省着。震災後初視察。職員を激励。5時、防衛省発。13分、官邸着、執務室。24分から42分、民主党の安住淳国対委員長、斎藤勁国対委員長代理。48分から6時、野田佳彦財務相、財務省の勝栄二郎事務次官、真砂靖主計局長。8時から9分、田坂広志多摩大大学院教授。24分、官邸発。25分、公邸着。

29日 元秘書に遺憾

【午前】6時19分、福山哲郎官房副長官、寺田学民主党衆院議員が公邸に入った。21分、細野豪志首相補佐官が加わった。7時38分、全員出た。8時16分、公邸発。18分、国会着。19分、院内大臣室。34分から48分、閣議。49分から50分、海江田万里経済産業相。51分から52分、田坂広志多摩大大学院教授に内閣官房参与の辞令交付。枝野幸男官房長官、仙谷由人、滝野欣弥両官房副長官、福山氏同席。57分、参院第1委員会室。9時、参院予算委員会開会。元秘書の武蔵野市議が、東京電力の計画停電から同市が除外されたことを自らの手柄とするビラを配っていた問題を問われ、遺憾の意を表明した。

【午後】0時37分、参院予算委散会。41分、院内大臣室。57分、参院議長応接室。58分、参院本会議場。1時1分、参院本会議開会。36分、参院本会議を途中退席。38分、院内大臣室。2時17分、衆院本会議場。22分、衆院本会議開会。34分、衆院本会議休憩。35分、国会発。37分、官邸着、執務室。4時28分から56分、岡田克也民主党幹事長。5時1分、官邸発。3分、国会着。4分、衆院議長応接室。10分、衆院本会議場。12分、衆院本会議再開。46分、衆院本会議散会。48分、国会発。49分、官邸着、執務室。53分から6時3分、田中慶秋民主党衆院議員。26分から56分、民主党の渡部恒三最高顧問、増子輝彦参院議員ら。57分から7時3分、与謝野馨経済財政担当相。8時35分、官邸発。36分、公邸着。

30日 谷垣氏らと会談

【午前】8時7分、公邸発。9分、国会着。10分、院内大臣室。16分から45分、臨時閣議。46分から48分、枝野幸男、福山哲郎正副官房長官。50分、国会発。52分、官邸着、執務室。9時57分から10時56分、細野豪志首相補佐官。11時15分から40分、オバマ米大統領と電話会談。福山氏、梅本和義外務省北米局長同席。

【午後】0時から31分、寺田学民主党衆院議員。53分から1時23分、社民党の福島瑞穂党首、阿部知子、服部良一両衆院議員。福山氏同席。57分から2時35分、平野達男内閣府副大臣。36分から3時12分、松下忠洋経済産業副大臣。43分から4時6分、玄葉光一郎民主党政調会長。7分、自民党の谷垣禎一総裁、石破茂政調会長らが入った。玄葉氏、福山氏同席。44分、全員出た。47分から5時5分、市村浩一郎国土交通政務官。6分から30分、寺田氏、五十嵐敬喜内閣官房参与、小野善康内閣府参与、河野栄次内閣府経済社会総合研究所長。6時30分から50分、ドイツのメルケル首相と電話会談。松本剛明外相ら同席。54分から59分、阿久津幸彦内閣府政務官。7時、海江田万里経済産業相、枝野氏が入った。10分、海江田氏が出た。22分、枝野氏が出た。23分から25分、加藤公一民主党衆院議員。26分から42分、江田五月法相、藤田一枝民主党衆院議員。43分から8時47分、荒井聡前国家戦略担当相、民主党の首藤信彦、藤末健三衆参両院議員。9時17分、官邸発。18分、公邸着。

31日 仏大統領と会談

【午前】9時、公邸発。1分、官邸着、執務室。57分から10時40分、藤田幸久民主党参院議員。11時から48分、寺田学民主党衆院議員。54分、官邸発。56分、国会着、衆院本会議場。

【午後】0時2分、衆院本会議開会。1時11分、衆院本会議休憩。13分、国会発。14分、官邸着、執務室。35分から57分、共産党の志位和夫委員長、市田忠義書記局長、穀田恵二国対委員長。福山哲郎官房副長官同席。2時18分から37分、岡村正日本商工会議所会頭。38分から3時、北沢俊美防衛相、防衛省の折木良一統合幕僚長、下平幸二情報本部長。54分から4時14分、全国知事会会長の麻生渡福岡県知事、松本龍防災担当相。15分から52分、佐々江賢一郎外務事務次官。5時、大会議室。1分から46分、サルコジ仏大統領と首脳会談。松本剛明外相、海江田万里経済産業相ら同席。51分、大ホール。52分から6時19分、共同記者会見。21分から22分、官邸エントランスホールでサルコジ大統領を見送り。23分、執務室。31分、閣僚応接室。32分から44分、閣議室で臨時閣議。45分、閣僚懇談会。46分、大会議室。47分から7時12分、緊急災害対策本部および原子力災害対策本部。13分、執務室。16分から8時18分、笹森清内閣特別顧問。25分、官邸発。26分、公邸着。

1日 会議設置を表明

【午前】8時45分、公邸発。46分、官邸着。47分、執務室。59分、閣僚応接室。9時、閣議室へ移動。閣議開始。21分、閣議終了。22分、執務室。27分から33分、白井早由里慶応大教授に日銀政策委員会審議委員の辞令交付。10時54分から11時49分、斉藤正樹内閣官房参与。

【午後】0時から15分、寺田学民主党衆院議員。30分から1時、細野豪志首相補佐官。3時5分から4時11分、福山哲郎官房副長官、寺田氏。5時30分、記者会見室。31分から6時14分、記者会見。復興構想会議の設置表明。15分、執務室。7時37分、官邸発。38分、公邸着。

2日 初の被災地視察

【午前】5時57分、公邸発。58分、官邸着。6時3分、陸上自衛隊ヘリコプターで官邸屋上ヘリポート発。平野達男内閣府副大臣同行。8時14分、岩手県陸前高田市の滝の里工業団地着。達増拓也知事、戸羽太市長、黒岩宇洋法務政務官、黄川田徹民主党衆院議員が出迎え。19分、同所発。26分、同市の市役所仮庁舎着。同所内の陸自第5普通科連隊指揮所で達増知事、戸羽市長らによる東日本大震災の被災状況の報告。55分、同所発。9時5分、同市の市立米崎小学校着。同小学校の避難所を視察。28分、同所発。9時40分、同市の松原大橋着、視察。55分、同所発。10時2分、同市役所着。視察、黙祷。9分、同所発。20分、同市の滝の里工業団地着。22分、陸自ヘリで同所発。

【午後】0時9分、福島県楢葉町の福島第1原発事故対応拠点の福島県楢葉町「Jヴィレッジ」着。17分から41分、自衛隊や東京電力などの関係者から福島第1原発事故対応に関する説明聴取。44分から1時10分、自衛隊員、消防隊員、東電社員らを激励。14分、陸自ヘリでJヴィレッジ発。2時18分、官邸屋上ヘリポート着。21分、執務室。3時57分から5時、亀井静香国民新党代表。1分から18分、防衛省の小川勝也副大臣、中江公人事務次官、折木良一統合幕僚長。25分、官邸発。26分、公邸着。

3日 投票済ます

【午前】公邸で過ごす。

【午後】2時59分、公邸発。3時9分、東京・九段南の千代田区役所着。東京都知事選の不在者投票。14分、同所発。25分、官邸着。26分、執務室。37分から4時24分、平野達男内閣府副大臣。5時12分から27分、細野豪志首相補佐官。28分から42分、枝野幸男官房長官。6時11分、官邸発。12分、公邸着。

4日 EU首脳と電話

【午前】8時59分、公邸発。9時、官邸着、執務室。27分から10時5分、斎藤勁民主党国対委員長代理。11時から12分、松本健一内閣官房参与。13分から54分、山田正彦前農林水産相。

【午後】0時から37分、枝野幸男官房長官、仙谷由人、福山哲郎両官房副長官。2時11分から20分、寺田学民主党衆院議員。21分から30分、有富正憲内閣官房参与。31分から44分、細野豪志首相補佐官。3時から8分、福島県双葉町の井戸川克隆町長。福山氏同席。4時52分から5時16分、野田佳彦財務相、財務省の勝栄二郎事務次官、真砂靖主計局長。6時から20分、バローゾ欧州委員会委員長と電話会談。松本剛明外相、外務省の八木毅経済局長、経済産業省の岡田秀一経済産業審議官同席。49分から54分、加藤公一民主党衆院議員。7時17分、官邸発。18分、公邸着。

5日 初のぶら下がり

【午前】8時27分、公邸発。29分、国会着、院内大臣室。39分から49分、国家公務員制度改革推進本部。9時1分から22分、閣議。23分から25分、松本龍防災担当相。27分、国会発。29分、官邸着、執務室。10時から34分、仙谷由人官房副長官。11時1分から33分、岡田克也民主党幹事長。55分、加藤公一民主党衆院議員が入った。

【午後】0時5分、加藤氏が出た。1時1分、公明党の山口那津男代表、石井啓一政調会長、石田祝稔政調副会長。玄葉光一郎民主党政調会長、福山哲郎官房副長官同席。29分、山口、石井、石田各氏が出た。32分、福山氏が出た。49分、玄葉氏が出た。50分から2時5分、佐々江賢一郎外務事務次官。4時6分、南会議室。7分から39分、福島県双葉地方町村会の遠藤雄幸川内村長ら。海江田万里経済産業相ら同席。40分、執務室。41分から5時10分、寺田学民主党衆院議員。11分から50分、五十嵐敬喜内閣官房参与、河野栄次、宮崎徹両内閣府参与。6時1分、民主党の岡田幹事長、安住淳国対委員長、玄葉政調会長、枝野幸男官房長官、仙谷、福山両官房副長官が入った。7時7分、枝野、仙谷、福山各氏が出た。40分、玄葉氏が出た。50分、岡田、安住両氏が出た。8時、官邸発。震災後初めて「ぶら下がり取材」に応じる。1分、公邸着。

6日 北沢氏と会談

【午前】9時1分、公邸発。2分、官邸着、執務室。25分から10時6分、田坂広志内閣官房参与。7分から44分、斎藤勁民主党国対委員長代理。58分から11時47分、北沢俊美防衛相。

【午後】1時2分から15分、野田佳彦財務相。25分から49分、小宮山宏三菱総合研究所理事長、大久保勉、藤末健三両民主党参院議員。2時46分、特別応接室。47分から3時2分、古賀伸明連合会長。枝野幸男、福山哲郎正副官房長官同席。3分、執務室。4分から15分、枝野、福山両氏。5時17分、福山氏。29分、仙谷由人官房副長官が加わった。55分、仙谷、福山両氏が出た。56分から6時49分、森口泰孝文部科学審議官、伊藤哲朗内閣危機管理監。50分から7時7分、海江田万里経済産業相。8時6分から36分、海江田氏、細野豪志首相補佐官。50分、官邸発。51分、公邸着。

7日 深夜に再び官邸

【午前】9時、公邸発。1分、官邸着。2分、執務室。10時24分から40分、松本健一内閣官房参与。53分から11時22分、蓮舫行政刷新担当相、加藤秀樹行政刷新会議事務局長、寺田学民主党衆院議員。48分、枝野幸男、仙谷由人正副官房長官、民主党の岡田克也幹事長、輿石東参院議員会長、安住淳国対委員長、玄葉光一郎政調会長が入った。

【午後】0時48分、全員出た。2時10分から59分、笹森清内閣特別顧問、杉山晋輔外務省アジア大洋州局長。3時56分から4時11分、植松信一内閣情報官。12分、加藤公一民主党衆院議員、望月晴文内閣官房参与、細野哲弘資源エネルギー庁長官が入った。40分、望月、細野両氏が出た。47分、加藤氏が出た。48分から5時7分、松本剛明外相、外務省の佐々江賢一郎事務次官、杉山アジア大洋州局長。45分から6時8分、平野達男内閣府副大臣。7時11分から16分、加藤公一民主党衆院議員。50分、官邸発。51分、公邸着。

8日 宮城知事が面会

【午前】0時22分、公邸発。24分、官邸着。25分、執務室。0時30分から40分、寺田学民主党衆院議員、伊藤哲朗内閣危機管理監。1時52分から2時6分、枝野幸男官房長官、福山哲郎、滝野欣弥両官房副長官、伊藤内閣危機管理監。9分、官邸発。11分、公邸着。9時、公邸発。1分、官邸着。2分、執務室。10時1分、閣僚応接室。2分、閣議室に移り、閣議開始。28分、閣議終了。29分、閣僚懇談会。32分、特別応接室。33分から43分、村井嘉浩宮城県知事ら。片山善博総務相、松本龍防災担当相、枝野氏ら同席。44分、執務室。11時26分、特別応接室。27分から45分、福島県南相馬市の桜井勝延市長ら。福山氏同席。46分、執務室。52分、野田佳彦財務相、枝野氏、玄葉光一郎民主党政調会長が入った。

【午後】0時15分、全員出た。27分、海江田万里経済産業相が入った。32分、細野豪志首相補佐官が加わった。1時16分、海江田、細野両氏が出た。2時26分から3時1分、仙谷由人官房副長官。2分から17分、鹿野道彦農林水産相。18分から55分、枝野、福山、寺田3氏。4時6分から50分、野田財務相、財務省の勝栄二郎事務次官、真砂靖主計局長。56分から5時13分、海江田氏。58分、大会議室。59分から6時22分、「新しい公共」推進会議。23分、執務室。24分から44分、杉山晋輔外務省アジア大洋州局長。53分から7時55分、篠原孝農林水産副大臣。8時38分、官邸発。39分、公邸着。

9日 作家と面談

【午前】10時57分から11時47分、公邸で作家の石川好氏。

【午後】1時59分、公邸発。2時1分、官邸着、執務室。3分から31分、枝野幸男官房長官。3時2分から22分、細野豪志首相補佐官。20分から36分、福山哲郎官房副長官。38分、官邸発。40分、公邸着。

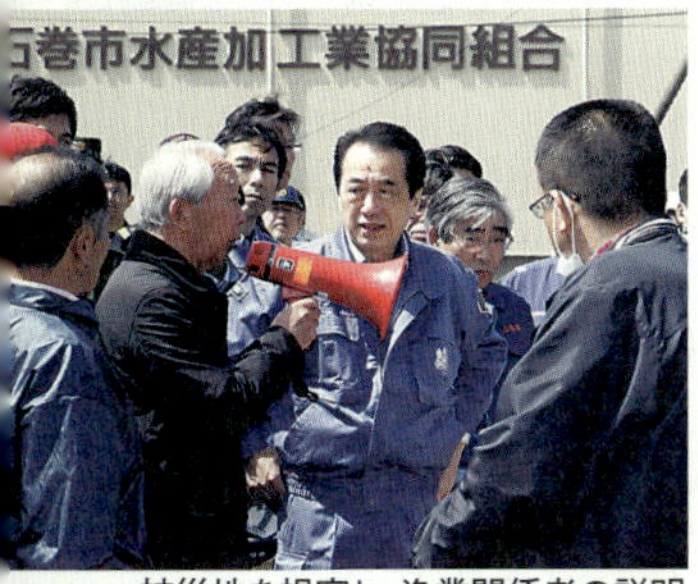

被災地を視察し、漁業関係者の説明を聞く菅首相＝10日、宮城県石巻市

10日 再び被災地視察

【午前】7時8分、公邸発。27分、羽田空港着。39分、航空自衛隊のU4多用途支援機で羽田空港発。篠原孝農林水産副大臣同行。8時25分、宮城県東松島市の航空自衛隊松島基地着。視察。東祥三内閣府副大臣、小川勝也防衛副大臣ら同行。50分、航空自衛隊のCH47大型輸送ヘリコプターで同基地発。海上自衛隊の護衛艦「くらま」を上空から視察。9時5分、宮城県石巻市の総合運動公園着。7分、同所発。32分、石巻市役所着。33分から10時、村井嘉浩宮城県知事、亀山紘石巻市長ら。安住淳民主党国対委員長ら同席。2分から5分、同市役所内の石巻災害FM臨時サテライトスタジオで、ラジオ出演。10分、同所発。20分から48分、宮城県石巻市の沿岸部など被災現場を視察。11時1分から5分、同市内の路上でがれきの撤去作業に当たる自衛隊員らを激励。20分、同市の宮城県立石巻商業高校着。避難所を視察。32分から38分、同高校内で報道各社のインタビュー。40分、同高校発。46分、同市の総合運動公園着。48分、航空自衛隊のCH47大型輸送ヘリコプターで同所発。

【午後】0時5分、仙台市の陸上自衛隊東北方面総監部着。視察、激励。51分、航空自衛隊のCH47大型輸送ヘリコプターで同所発。1時2分、同県東松島市の航空自衛隊松島基地着。12分、航空自衛隊のU4多用途支援機で同基地発。2時9分、羽田空港着。15分、同空港発。35分、公邸着。3時35分から6時35分、閣僚・与党幹部らによる勉強会。7時1分から51分、枝野幸男官房長官、仙谷由人官房副長官、民主党の岡田克也幹事長、玄葉光一郎政調会長、輿石東参院議員会長、安住氏。

首相執務室は開かずの間

首相官邸に「開かずの扉」がある。5階の首相・菅直人の執務室。3月11日の東日本大震災発生後しばらくは早朝から深夜まで怒号が響いていたが、震災から1カ月近くになると、トンと静かになった。「やっと精神的な安定期に入った」「気力がうせているのではないか」―。そんな臆測が乱れ飛ぶ。各国外交官も政府関係者に「首相は本当に大丈夫なのか」と真顔で問い合わせてきたという。

なぜ扉が開かないのか。理由は一つ。よほどの緊急時でない限り、誰もノックしようとしないからだ。官僚であろうが、政務三役であろうが、誰かれかまわず怒鳴り散らす。ある官僚は福島第1原発事故の最新状況の報告に入ったところ、菅から頭ごなしにこう言われた。「そんな話は聞いていないぞ！」。日本の官僚は「首相がすでに知っている話を報告したら恥だ」と教育されてきたが、菅には通用しない。官僚の訪問は絶えた。

4月に入り、官僚が首相執務室を訪ねたのは7日までわずか8組。ある官僚は吐き捨てるように言った。「民主党政権でも大連立でもいい。とにかく首相だけは代わってほしい…」

ある官僚は執務室に山積された新聞や雑誌の切り抜きを見て愕然とした。記者団のぶら下がり取材に応じないどころか、災害対策基本法に基づく中央防災会議さえ開こうとせず、執務室に籠もって一人で新聞や雑誌を読みふけっていたとは…。そこに未曽有の国難にどう立ち向かおうという発想はない。

東工大応用物理学科卒で「ものすごく原子力に強い」と自負する菅は、原発の異常を聞いた当初から、さっそく執務室にホワイトボードを持ち込み、原子炉の格納容器への海水注入などを次々に指示。「東電の見通しは甘い。どうなってるんだ！」。秘書官らに当たり散らすこともしばしばだった。保安院幹部らの説明にも「お前たちは現場を見てないだろ！」。面識もない官僚に突然電話で指示を出し「何かあったらお前らのせいだぞ」と責任をなすりつけることもあった。

感情まかせの行動にしか見えないが、菅は「原発問題は官邸主導でやれる」と確信したようだ。自衛隊の放水活動をめぐっても、菅は逆ギレした。「指示はとっくに出した。なぜ進まないんだ！」。ところが菅の「指示」とは口頭で個別の官僚に命じただけ。これでは官僚組織は動かない。側近らは慌てて指揮系統を自衛隊に一元化させる関係閣僚への「指示書」を作成させた。これがその後の放水作業につながった。

菅の官僚機構と東電への不信は深まるばかりだった。東工大教授で原子炉工学研究所長の有富正憲らを次々と内閣官房参与として官邸に迎えたことはその証左だといえる。その数はすでに6人。「セカンドオピニオン」を背後に付け、菅はますます高飛車になった。東電や保安院などが自らの指示に抵抗すると「俺の知ってる東工大の先生と議論してからこい」と言い放った。

ところが、3月末になると菅はすっかり淡泊になった。原発の状況の報告を受けても「そうかあ…」「それでいい」―。どうやら事態の長期化が避けられないことを悟り、気合を持続できなくなったようだ。菅は4月1日の記者会見で「専門家の力を総結集しているが、まだ十分安定化したというところまでは立ち至っておりません」と長期化をあっさり認めた。淡泊になったのは理由がある。それまでは原発で頭がいっぱいで、ようやくガソリンや物資供給など被災者支援が後手に回っていたことに気づいたのだ。

実は首相官邸の指示がなくても各省庁は阪神・淡路大震災を先例にさまざまな被災者支援や復旧策をひそかに準備していた。ところが政務三役の「政治主導」が障害となった。ある局長級官僚は「官邸も動かないが、政務三役も何も言ってこない」といらだちを隠さない。民主党政権になり政務三役に無断で仕事をやってはいけないという「不文律」ができた。「勝手なことをやりやがって」と叱責されるのを覚悟の上で官僚機構は黙々と対策を練ったが、実行のめどは立たない。政治不在がいかに恐ろしいか。官僚らは思い知った。

自衛隊も官邸の機能不全の被害者だといえる。自衛隊の本来の任務は行方不明者の捜索だが、遺体を発見すれば市町村に渡す。ところが市町村は被災で動けず葬儀業者も見つからない。やむなく遺体安置所から埋葬地までの遺体搬送や埋葬までも自衛隊が請け負った。救援物資輸送やがれき撤去などの任務にも影響が及んでいた。

防衛相・北沢俊美は調整を求めたが、官邸の最終的な返答は「関係省庁でよく協議してほしい」。そこで北沢は埋葬を所管する厚労省に直談判し、厚労相・細川律夫とともに、「官邸抜き」の調整が始まった。結局、事務レベルの関係省庁連絡会議が開かれたのは4月1日。運輸行政を担う国土交通省の協力を得て民間業者による遺体搬送態勢が整ったのは4月5日だった。

「政治家だけじゃなくてあらゆる者を総動員させるべきだ。要は役人をどう使うかなんだ」

国民新党代表・亀井静香は2日、こう忠告したが、菅はのんきに返答した。「まあ役人を使えるのは一に亀井さん、二に私、三に仙谷さんだな…」（敬称略）

志津川小学校に設けられた避難所は、子供たちの笑顔に勇気づけられた＝21日、宮城県南三陸町（パノラマ撮影）

生きる

——避難所から

東日本大震災では、被災から1カ月が過ぎても15万人以上が避難所生活を送っている。東北の春はまだ寒く、燃料不足、物資不足のなかで凍える夜が続く。その上に、激しい余震が襲いかかる。被災者を支えているのも、また被災者だ。闘う日本人たちがそこにいる。

女の子は菜っ葉のみそ汁を大切そうに飲んだ。避難所では温かい食べ物は貴重だ＝15日、宮城県女川町

男性は、津波で亡くした長男と、行方不明の妻の写真をじっと眺めていた＝10日、宮城県名取市

母親は余震のたびに子供を抱きかかえた。一晩中揺れは治まらず、不安な夜が続いた＝12日、仙台市若林区

女性は、再会した孫を抱きしめた＝16日、岩手県大槌町

避難所に飾られた梅の花が、被災者の心を癒やしている＝20日、宮城県南三陸町

ようやくの再会で2人は強く抱きあった＝14日、岩手県釜石市

知人と再会した女性の目には涙が浮かんでいた＝12日、岩手県陸前高田市

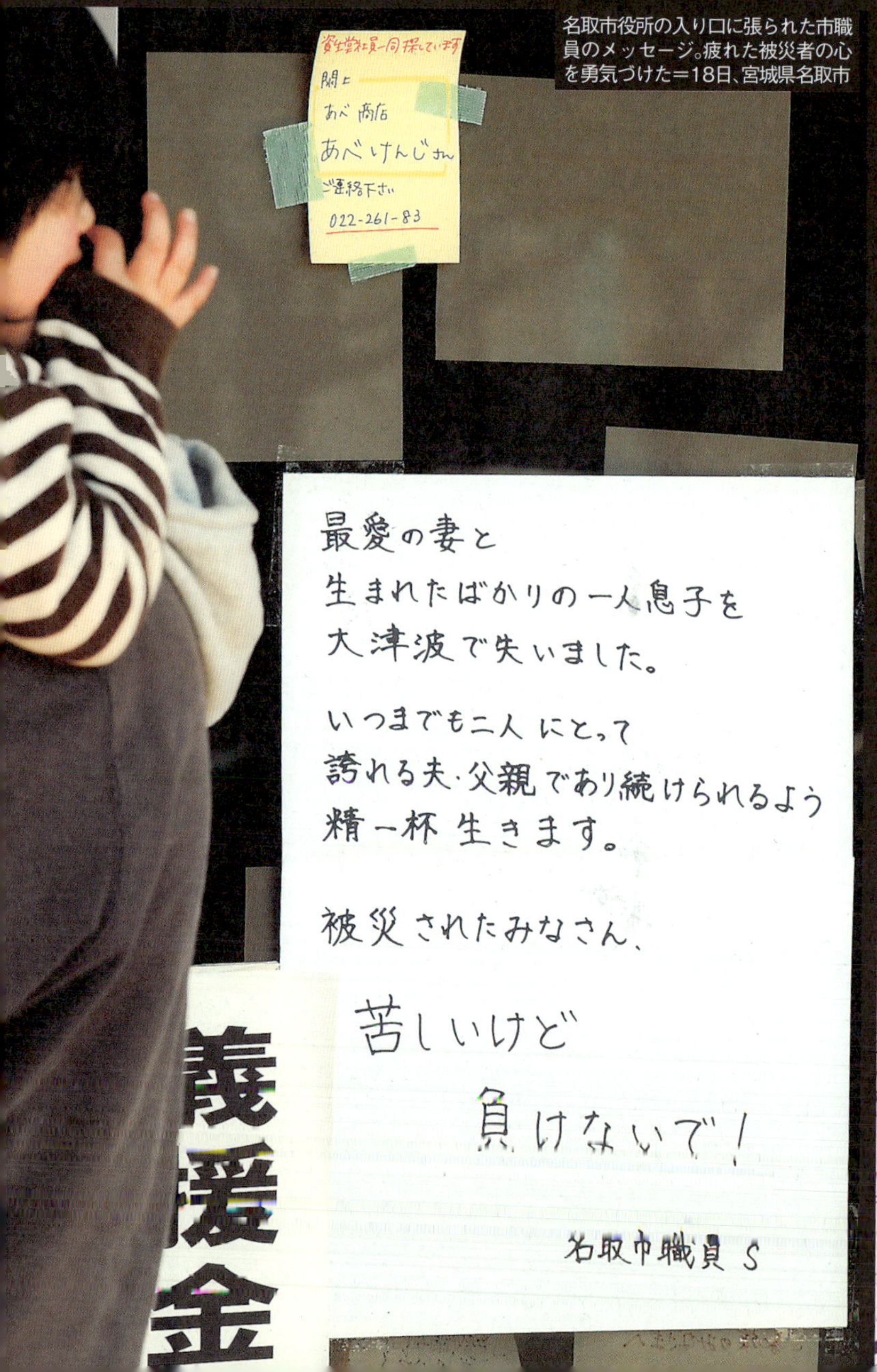
資生堂社員一同探しています
関上
あべ 商店
あべけんじさん
ご連絡下さい
022-261-83
最愛の妻と
生まれたばかりの一人息子を
大津波で失いました。
いつまでも二人にとって
誇れる夫・父親であり続けられるよう
精一杯 生きます。
被災されたみなさん、
苦しいけど
負けないで！
名取市職員 S
義
援
金

名取市役所の入り口に張られた市職員のメッセージ。疲れた被災者の心を勇気づけた＝18日、宮城県名取市

避難所では陸上自衛隊の医官が回診。体調を崩した子供が診察を受けた＝19日、仙台市若林区

男性は一枚一枚指さして確認しながら伝言掲示板に見入っていた＝14日、宮城県名取市

震災から
5日目

強い余震、それでも無言

被災者は余震の恐怖と厳しい寒さで、震災から5日目の眠れぬ日々を過ごしていた。3月15日夜、町の大部分が壊滅した宮城県女川町の町総合体育館。約2千人が身を寄せる。

この日の夕食は、小さな菓子パンに、菜っ葉だけのみそ汁とさつま揚げだった。

「パンじゃ力が出ないよ。梅っこ入ったおにぎりが食べたいよ」。津波で家を失った安部ちよみさん（60）はつぶやいた。幼い4人の子供を抱える鈴木真由美さん（34）は「自分は我慢できても、夜におなかをすかせて泣くこの子が…」と話し、1歳の長男を抱いた。2日前は具のないみそ汁だけだったという。

食料だけでなく、医薬品も、トイレも、生理用品も何もかもが足りない。着替えもなければ手を洗う水もない。電力を失った被災地の夜は早く、夕食が終わると、早々と毛布にくるまり、床で横になる人が多い。平塚真子さん（40）は「体が温かいうちに寝るんです。夜は寒くて寝れないから」。

冷え込みは厳しい。体育館前の広場では、がれきの廃材で火がたかれ、暖をとる人の輪ができていた。話題は不明者の安否や先行きの不安だ。電話が通じず、情報源は避難所に1台きりのラジオしかない。

平塚和男さん（31）は祖父母を亡くした。自宅で見つかった遺体は、まだ収容できていない。両親は津波が襲う自宅の屋根で助けを求める姿が目撃されたが、その後の行方はわからない。

「町を離れる人も多いんじゃないかな。今後地震が起きねえって確信はないから…」

冷たい雨が激しくなり、自家発電によるわずかな非常電灯の下で、午後9時にはほぼすべての人が横になった。そのとたん、「ゴゴゴゴ…」と地鳴りが響いた。強い余震。建物がきしむ。ただ、そこかしこで起きあがった人たちも揺れが収まると、無言でまた横になった。

被災から1週間。女性は毛布をかぶったまま、疲れ切った表情を浮かべていた＝18日、宮城県石巻市

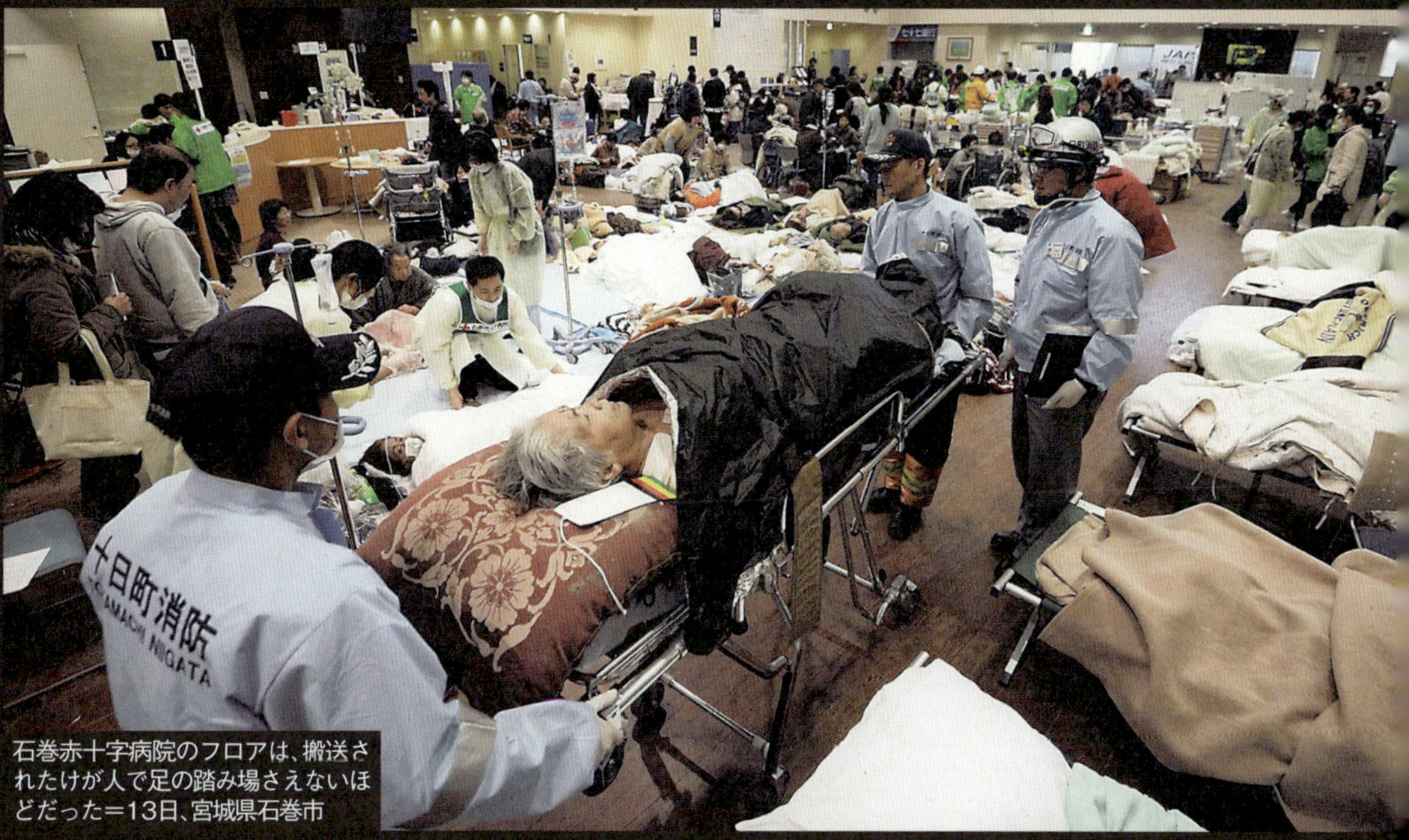

石巻赤十字病院のフロアは、搬送されたけが人で足の踏み場さえないほどだった＝13日、宮城県石巻市

原発事故で避難指示が出され、男性は子供を抱きながら不安そうな表情を浮かべた＝16日、福島市

自衛隊が設営した風呂に孫と入る男性。被災後初めての風呂に表情もほころんだ＝20日、岩手県釜石市

おにぎりやお菓子が支給され、子供たちにも笑顔が浮かんだ＝25日、さいたまスーパーアリーナ

“老老介護” 目立つ

震災から2週間

3月27日早朝、約200人が避難する仙台市若林区の六郷中では、みそ汁やパック入り牛丼、カレーなどがそろい、電子レンジの前にはご飯を温める人が並んだ。避難生活から2週間余り。六郷中のように支援が行き届いて生活が向上した場所がある一方、寒さや栄養不足に悩む避難所もある。衣食住の改善度合いに差が出始め、恵まれない被災者からは不満の声も漏れている。

1000人近くが避難する宮城県石巻市の鹿妻小では地震後数日間、食料がまったく支給されなかったという。今では生理用品なども届くが、女性(70)は「食事は1日2食でおにぎりやパンだけ。孫が小さいので栄養面が心配。ほかの避難所は1日3食あると聞いた」と語った。

炊き出しのカレーをおいしそうにほおばる兄弟＝20日、宮城県気仙沼市

支援物資を詰めていた段ボールも無駄にせず、ボランティアがトレイ代わりに配っていた＝23日、さいたまスーパーアリーナ

待ちに待った炊き出しの雑炊。立ち上る湯気が避難所中に広がった＝19日、宮城県南三陸町

避難所となった階上中学校では、被災者全員でラジオ体操。長期化する避難生活では健康管理が重要になる＝25日、宮城県気仙沼市

石巻市中心部から山を挟んだ同市雄勝町は当初孤立し、住民は拾った魚や缶詰めを分け合っていた。その後、自衛隊の物資が届くようになったが、避難者は「震災後、風呂に入れたのは1回だけ」。

約20人が身を寄せる岩手県釜石市唐丹町の消防センターでは、町内会副会長（59）が「救援物資で届く衣類はほとんどが上着で下着が足りない」。車いすの母親（85）と避難している主婦（61）は「医師の巡回では薬を数日分しかもらえない」とこぼした。

一方、宮城県女川町に16カ所ある避難所では、高齢者がさらに高齢の親や配偶者の面倒を看る〝老老介護〟が目立っている。約800人が身を寄せる同町総合体育館では、介護する側がめまいや不眠の症状を訴え医務室を訪れることも増加しており、町職員は「精神的なストレスも重なり、相当疲れがたまっている」と話す。

清水地区から避難してきた阿部昭二さん（85）は年齢とともに足が不自由になり、妻のとみ子さん（78）が身の回りの世話に当たる。つましい年金暮らしながら、夫婦そろって温泉に行く日を楽しみにしていたのに、今は家さえもない。自衛隊による入浴サービスが始まったが、昭二さんは「足もとがおぼつかなく、これ以上面倒をかけたくない」と大好きな風呂もがまんしているという。とみ子さんは「空元気で頑張っている。私まで暗くなったら、お父さんもつらくなる」と話した。

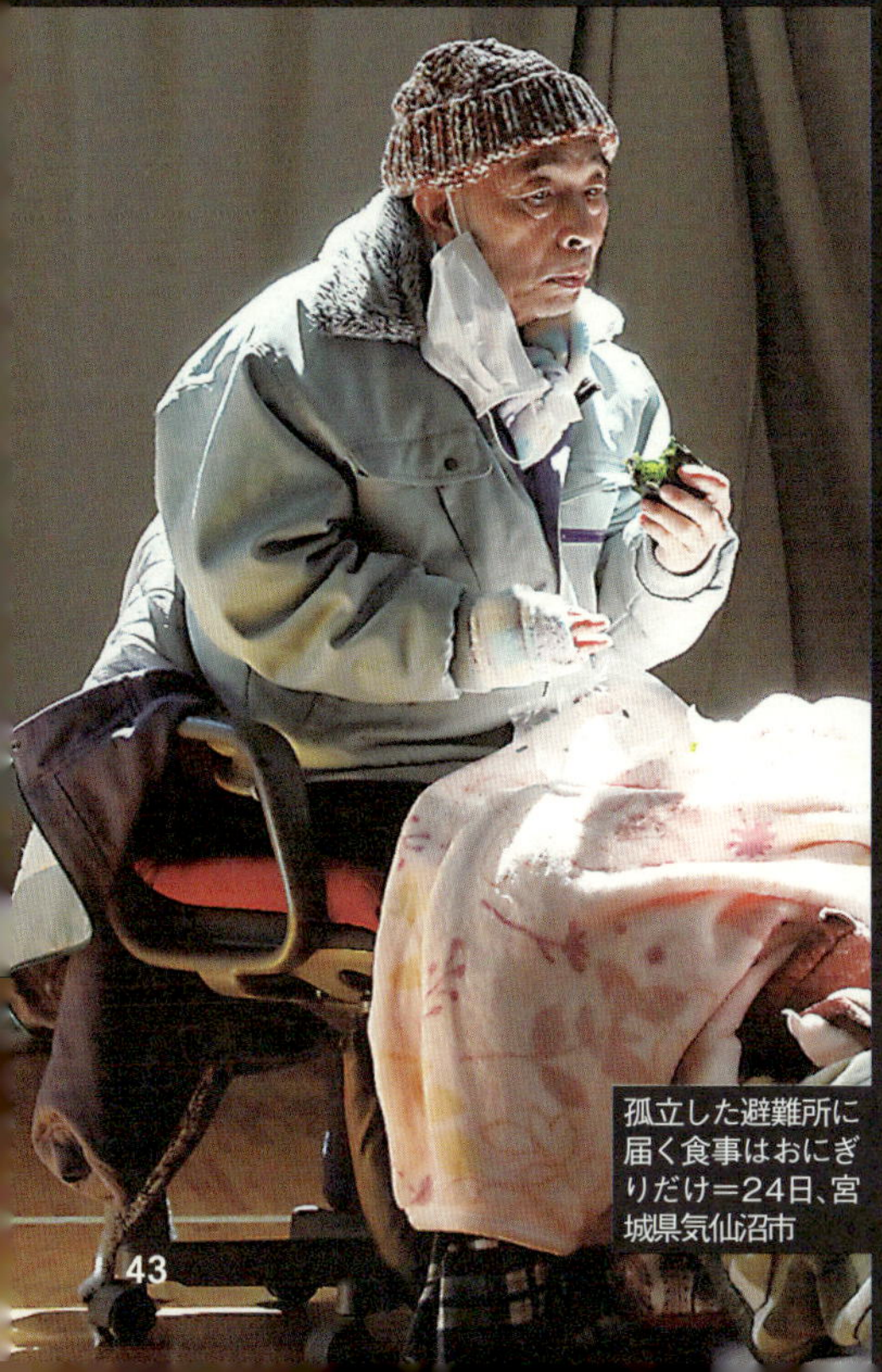

孤立した避難所に届く食事はおにぎりだけ＝24日、宮城県気仙沼市

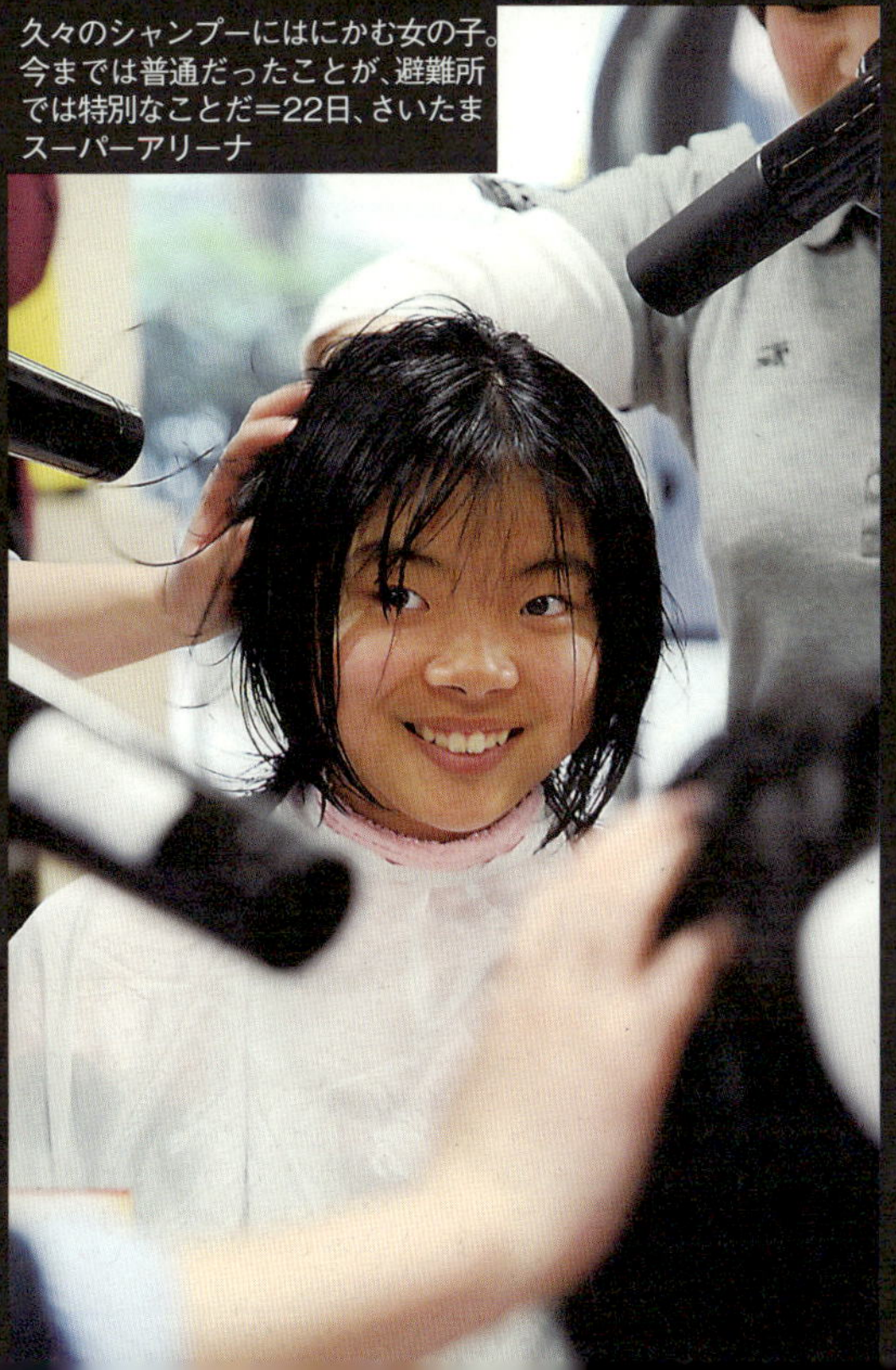

久々のシャンプーにはにかむ女の子。今までは普通だったことが、避難所では特別なことだ＝22日、さいたまスーパーアリーナ

親族に電話する女性。避難所では電話も時間を決めて譲り合っていた＝25日、宮城県気仙沼市

父親は子供たちと一緒に、津波に流されてしまった自分たちの荷物を探していた＝４月８日、宮城県名取市

大船渡中学校の避難所に寄贈されたテント。ようやくプライバシーが守られる＝31日、岩手県大船渡市

避難所の隅には小説やマンガが置かれ、小さな図書館ができた＝４月４日、岩手県陸前高田市

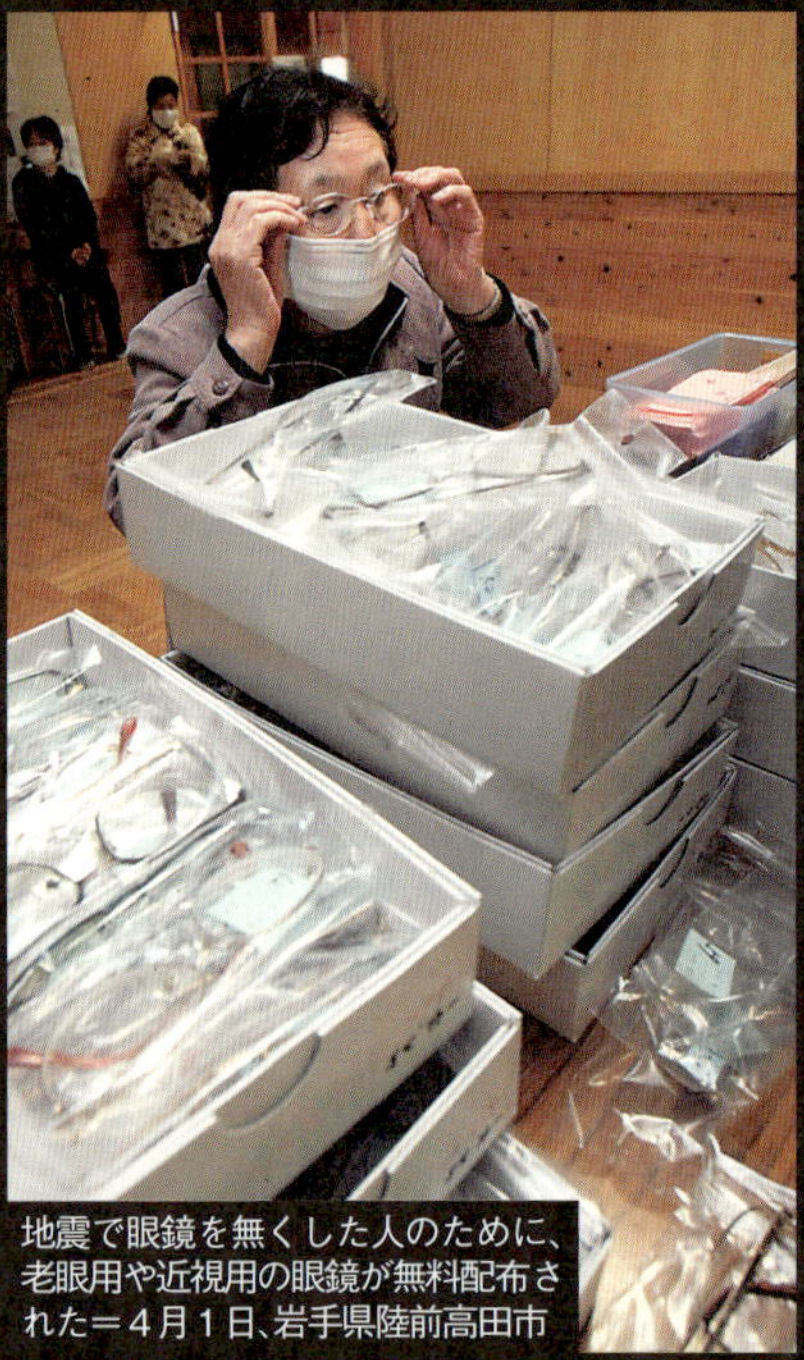

地震で眼鏡を無くした人のために、老眼用や近視用の眼鏡が無料配布された＝４月１日、岩手県陸前高田市

多くの携帯電話がつながれた非常用充電器。被災者には欠かせない道具の一つだ＝28日、宮城県南三陸町

「土地離れたい」3割超す

産経新聞社は被災地域の復興に詳しい大阪市立大学の宮野道雄副学長の協力を得て岩手県と宮城県の主に津波被害にあった被災者102人にアンケートを実施した。回答者の6割以上の自宅が流失か全壊。全体の3割以上が「土地を離れたい」と望んでいることが判明した。その理由の大半は「津波の恐怖から逃れたい」だった。

調査は3月25～30日、岩手県宮古市田老地区と仙台市若林、宮城野両区、宮城県女川町の避難所で、被災者に聞き取りを実施。いずれも津波被害地域で、特に田老は過去の教訓から高さ10メートルになる国内屈指の防潮堤を築いたが防潮堤を越えて波が押し寄せ多大な被害が出た。田老42人、仙台49人、女川11人の男女102人から回答を得た。

調査によると、回答者の家屋の被害程度は「全壊」または「津波による流失」が68人（66・7%）で、「半壊」や「一部損壊」、「水損」を含めると96・0%が被害を受けた。家族が死亡・行方不明の人は23人（22・5%）だった。

「将来、この土地を離れ他の土地に住みたいか」という問いに、「離れたい」との回答が全体の32・9%。田老は45・2%で、仙台・女川の23・6%を上回った。田老では女性の半数以上の56・5%が高台や市街地への転居を望んだが、男性は33・3%にとどまった。年齢別では若い世代ほど、土地から離れたい人の割合が多かった。

一方、「離れたくない」と答えたのは全体の42・3%。田老で40・5%、仙台女川では43・6%で、4割程度の人が慣れ親しんだ土地への愛着を示した。

震災から1カ月

日々の暮らしと格闘

被災者の生活は1カ月でどう変わったのか。各地の避難所では衣食の課題が尽きない。宮城県石巻市の万石浦中学校で避難生活を送る高橋孝子さん（56）は、数日前まで賞味期限切れのパンやおにぎりも食べていた。「おにぎりは硬くなってしまうからお湯でふやかしたりしていた」。嘔吐（おうと）や下痢をする人も少なくないという。

「それでも電気や水もあるし、食事もある。できれば避難所にいたいが、学校が始まったら出ていかないといけない。どこに行けばいいのか」

岩手県大槌町の中央公民館の避難所で暮らす岩間嘉代さん（67）は、たまる服に悩まされている。支援物資として配給されるので着る服には困らないが、洗濯ができないため汚れた衣服がたまる一方だ。「コインランドリーは隣の釜石市にしかない。バスはあるけど、ひざが悪く、10キロ近くたまった洗濯物を持っていけない。わがままをいえばきりがないけど…」

石巻市の高橋ひとみさん（40）は3月末に避難先の親戚宅から1階ががれきに埋まった自宅に戻り、家族3人で2階に住み始めた。電気や水道は復旧していない。夜はろうそくの明かりでしのぐが、困るのは水の問題だ。「トイレを流す水がないので、夫たちが海まで行ってくんできます。それでも2回流すとなくなってしまう」

津波で流れてきたたらいを利用して洗濯している。土ぼこりが舞うが、掃除機が使えないのでほうきではくだけ。「『三種の神器』と昔いっていたけど、そういうことかと初めて分かった。縄文時代みたいな生活です」

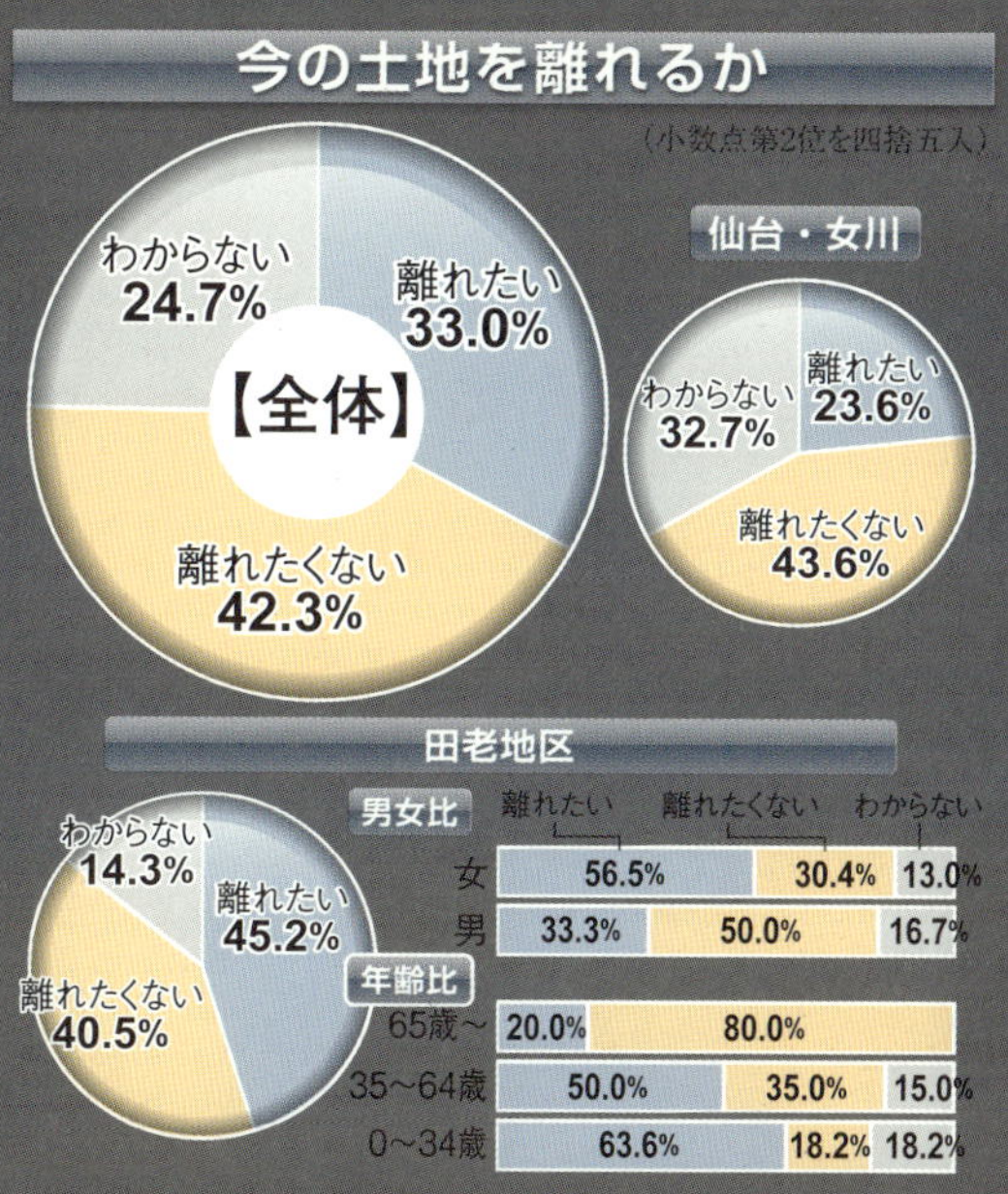

天皇、皇后両陛下は避難所を訪れ、被災者一人ひとりに声をかけられた＝4月8日、埼玉県加須市（代表撮影）

ライフラインが復旧していない被災地では、川の水で洗濯をする被災者も多い＝4月3日、岩手県大船渡市

男性は泥にまみれた写真をじっと見つめていた＝4月8日、宮城県名取市

子供たちは避難所に寄せられた本やおもちゃなどをうれしそうに手に取っていた＝4月3日、宮城県気仙沼市

クラブ活動の思い出もみんな津波に流された＝4月8日、宮城県名取市

白煙を上げる福島第1原発3号機（デジタルグローブ社提供）

原発クライシス

東日本大震災から1カ月が過ぎても、「安全」どころか「安定」すら取り戻せない
東京電力福島第1原子力発電所。津波による電源喪失、冷却機能の停止、燃料溶融、水素爆発…。
次々に襲う「想定外」の事態に対処できず、判断ミスも重なり、危機は連鎖した。
なぜ事態はここまで悪化したのか。

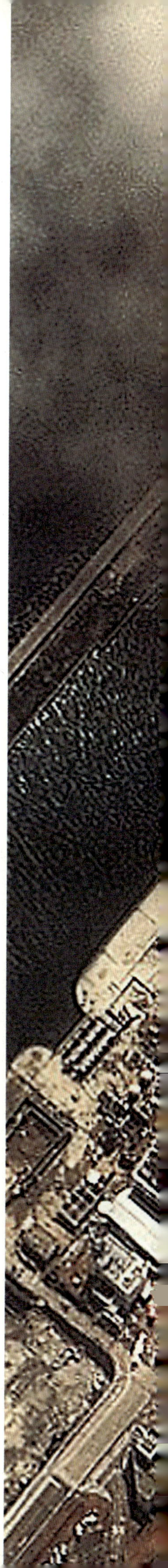

崩れた「安全神話」

すべては原発の安全の生命線である「水」が失われたことから始まった。

「2号機の原子炉に注水ができなくなっています」

3月11日午後2時46分の地震発生から6時間後。政府の原子力災害対策本部で、現地からの報告を聞いた原子力安全委員長の班目春樹は、背筋が凍り付く思いがした。水喪失が何を意味するのか。安全性にお墨付きを与えてきた班目は、知りすぎていた。

「なんとしても燃料棒を冷やしてください。炉内の圧力を下げるための排気（ベント）も必要です」

班目は本部長の首相、菅直人に繰り返し具申する。

2号機の注水停止は、やがて混乱と錯綜による誤報と判明する。だが1号機では班目の頭をよぎったシナリオが進行しつつあった。

時計の針を少し戻す。地震からほぼ1時間後。東京都千代田区の東電本店にいた原子力担当副社長の武藤栄は、「様子を見てくる」と、ヘリで飛び立った。地震発生時に運転中だった1～3号機は、核分裂を止める制御棒が挿入され、自動停止し、冷却装置も作動していた。

福島第2原発は、津波の第2波にのみこまれ、施設のほとんどが水に浸かった（東京電力提供）

だが想定を超える約14メートルの津波で事態は一変。13台あった非常用発電機が6号機の1台を除きすべて冠水。午後4時36分、1～3号機は「全電源喪失」という緊急事態に陥った。

「早く電源車をかき集めろ」。武藤は現地対策本部で声を張り上げた。

原子炉には余熱で発生した蒸気を利用して原子炉に注水できる非常用冷却システムがある。だが、バッテリーが切れると、原子炉の弁が閉じてしまい注水ができなくなる。タイムリミットは、7～8時間。

各地から53台が福島に向かい、午後9時すぎに東北電力から2台が到着。12日午前0時すぎには、さらに2台も駆け付けた。

だが、弁を開けるには、低電圧の電源が必要だったが、4台はいずれも高電圧車だった。電圧を変換しようとしたが、がれきに阻まれ、ケーブルの長さが足りず届かない。原子炉のつなぎ込み口も、津波で水没していた。報告を受けた経済産業省原子力安全・保安院の幹部は、力なく笑うしかなかった。

「なぜ東電はベントをやらないんだ」

対策本部で経済産業相、海江田万里はいらだっていた。12日午前3時に会見までして指示を出したが、東電からは何の連絡もない。

同じころ武藤は愕然として部下の報告を聞いていた。「中央制御室の停電で準備が思うように進みません」。暗闇の中、手動による作業は難航した。

午前5時、保安院審議官の中村幸一郎は会見で、「1号機でベントをやる。国内では例がない」と決意を示した。原子炉内の放射性物質（放射能）と一緒に蒸気を放出するベントは東電には重い決断だった。

午前7時には菅が、後にベント作業の妨げになったと批判された視察に到着する。東電には首相に放射能を浴びせないよう配慮するような余裕はなかった。電源喪失で東電は弁を開けたくても開けられなかったのだ。ベント開始は、午後2時30分。海江田の指示から10時間が経過していた。

綱渡りの注水を続けていた1号機では炉内の水位が低下を始め、計器は午後0時半に4メートルある燃料棒のうち1・7メートルが水面から露出していることを示していた。

「計器が故障している可能性があります」。東電は、より多くの量を確保できる海水の注入を見送り、保安院も報告をうのみにする。午後3時36分、1号機で水素爆発が起き、建屋上部が吹き飛んだ。

原子炉内では、露出した燃料棒が高温になって溶け、放射性物質が漏れ出す「炉心溶融」が起きていた。班目が恐れた国内最悪の原発事故が現実となった。そして2、3号機もやがて同じ道をたどり始めた。

（敬称略）

1カ月の記録

4号機（出力78.4万キロワット1978年営業運転開始）	原発めぐる周辺の動き	政府・原発関係者らの発言	日付
	福島県が半径2キロ圏内の住民に避難指示▽菅直人首相が半径3キロ圏内に避難指示、10キロ圏内に屋内退避指示	「放射能は現在炉の外に漏れていない。現時点で危険は発生していない。念のための指示だ」（枝野幸男官房長官）	3月11日
炉心冷却装置不能	菅首相が半径10キロ圏内に避難指示（早朝）▽菅首相が半径20キロ圏内に避難指示（夕）	「万一の対応策として退避を拡大した。10-20キロの住民に危険が生じるものではない」（枝野官房長官）	12日
		「原発については後ほど枝野官房長官から詳しく報告する」（菅首相が会見で）	13日
燃料貯蔵プールの水温が84度まで上昇（通常25度）	首都圏などで計画停電開始	「チェルノブイリのようなことはあり得ない」（玄葉光一郎国家戦略担当相）	14日
燃料貯蔵プールで爆発、火災▽建屋が破損	菅首相が半径20-30キロ圏内に屋内退避指示▽首都圏の大気中からも通常値上回る放射性物質を計測	「覚悟を決めろ。撤退すれば東電は100%つぶれる」（東電に乗り込んだ菅首相）「万全を期す観点から20-30キロ圏内の人は建物内にいてほしい」（枝野官房長官）	15日
2度目の火災▽燃料貯蔵プールの水が蒸発、露出の恐れ	東電が電話回線誤切断、8時間にわたり第一原発と音信不通に	「政府と東電が一体となって全力を挙げている」（菅首相が災害対策本部のあいさつで）	16日
		「原子力政策の推進は難しい状況になった」（自民党の谷垣禎一総裁）	17日
	ＩＡＥＡがスリーマイルと同等の「レベル5」と暫定評価	「自衛隊は準備が出来ていたのになぜ午後まで放水を待ったのか」（菅首相が連合元会長の笹森清氏に）	18日
	福島の原乳と茨城のホウレンソウから食品衛生法の規制値超える放射性物質を検出	「（福島産農産物などについて）ただちに健康に影響を及ぼす数値でないことをご理解いただきたい」（枝野官房長官）	19日
放水開始	栃木、群馬、千葉産の農産物からも基準値超える放射性物質	「危険顧みず活動する自衛隊員は誇り」（防大卒業式で菅首相訓示）	20日
	福島など4県に出荷制限▽放水口付近の海水で通常の126倍の放射性物質を検出	政府側の人間が消防隊員に「言うとおりにやらないと処分する」と発言した、と石原慎太郎東京都知事が暴露	21日
電源が復旧・東電生コン圧送機による放水開始	16キロ地点でも16倍～80倍の放射性物質を検出▽東電が福島県内などの自治体などにおわび行脚始める	「県民の怒りは頂点に達している。お会いすべき時期ではない」（東電の面会を断った佐藤雄平福島県知事が記者団に）	22日
	東京都金町浄水場の水から1キログラムあたり210ベクレルの放射性ヨウ素を検出▽福島県産のホウレンソウなどに摂取制限	「残念ながら福島原発から放射性物質が大気中に出ていることは間違いない」（東京都の水の問題を問われて枝野官房長官）	23日
	福島県内のキャベツ農家の男性（64）が自殺	「極めておかしいというより、けしからんことだと思う」（西岡武夫参院議長が東電の清水正孝社長が公の場に現れないことについて）	24日
タービン建屋内でたまり水を発見	枝野官房長官が半径20―30キロに自主避難うながす▽東京都が乳児の水道水摂取制限を解除▽千葉、栃木の葉物野菜から基準値上回るヨウ素検出	「今後（20-30キロ圏内に）避難指示を出す可能性も否定できない」（枝野官房長官）▽「悪化を防ぐ形で対応しているが、予断を許す状況に至っていない」（菅首相）	25日
	放水口付近の海水で通常の1250倍の放射性物質を検出と発表▽千葉、福島の水道水から乳児基準値上回るヨウ素	「原発を安全な状態にして長期間維持させるには、相当な手順、段取り、作業が必要なことは間違いない」（枝野官房長官）	26日
たまり水から通常の約2倍（500ベクレル）の放射性物質を検出	共同通信世論調査で政府の原発事故対応について「評価していない」が58%	会談した山口二郎北大教授の政府の指揮系統がバラバラだとの指摘について菅首相は「外から言われているほどじゃない」	27日
	第一原発敷地内の土壌5カ所からプルトニウムを検出と発表	「避難区域は汚染されている可能性が高く、立ち入りは現時点で大きなリスクがある」（枝野官房長官）	28日
照明が復旧	参院予算委員会で、地震発生翌日に菅首相が原発視察したことが初動の遅れを招いたと批判される	土壌のプルトニウムについて「燃料棒が一定程度溶融したと思われることを裏付けるものだ」（枝野官房長官）	29日
	放水口付近の海水から通常の4385倍の放射性物質を検出	東電の勝俣恒久会長が廃炉を明言。東電の国有化について、「私どもとしては民営化でありたい」	30日
建屋階段踊り場に高濃度汚染水	福島県天栄村の牛肉から基準値超える放射性物質を検出▽放水口付近の海水から2200倍の放射性物質を検出	「明日原発が廃止されたら何が失われるか。安全基準を高めて原発推進するしかない（来日したサルコジ仏大統領）	31日
冷却システムに海水を送る仮設ポンプ設置	放射性物質の飛散を防ぐ特殊な合成樹脂の散布開始▽汚染水回収に人工浮島活用へ	「復興、復旧の段階に入ったということで平常時の服装にした」（内閣の大半が背広姿に戻ったことについて、枝野官房長官）	4月1日
	米国の放射能被害専門部隊「シーバーフ」の先遣隊が横田基地に到着	「日本の命運をかける戦いだ」（原発事故対応の拠点「Ｊヴィレッジ」を訪ねた菅首相）	2日
	枝野官房長官が事故調査委の設置を表明	事故処理の完了について「数カ月後が一つの目標になる」（細野豪志首相補佐官）	3日
	茨城県の漁協で水揚げされたコウナゴからヨウ素検出▽低濃度汚染水の海への放出開始。この日は1万トン	海水放出について「やむを得ないということで了承した」（枝野官房長官）	4日
	1―3号機にたまる高濃度汚染水は約6万トンと発表	「事故調で原子力委員会の存在そのものが問われるかもしれない」（近藤駿介・原子力委委員長）	5日
	汚染水の大量放出めぐり、韓国などからも強い批判	2号機の流失問題について「止めたからには、どこかで水が噴出することが想定される」（原子力安全・保安院の西山英彦審議官）	6日
	震度6強の余震で、女川原発の2電源途絶▽政府が30キロ圏内も避難指示検討	避難指示区域の拡大について「累積数値が高くなっている地域をどうするか検討してもらっている」（枝野官房長官）	7日
	女川原発で核燃料貯蔵プールの冷却機能が最大1時間半失われていたことが判明	「避難地域の見直しは数日中に結論出す」（枝野官房長官）	8日
	米軍と自衛隊が、原発事故想定した共同訓練を横田基地で実施	「多重防護、5重の壁など絶対大丈夫と信じてやってきたが、こういう事態になった」（西山審議官）	9日
	低濃度汚染水の海中放出ほぼ終了	「日本の電力消費は世界的に見たら奇形だよ」（4選した石原都知事）	10日

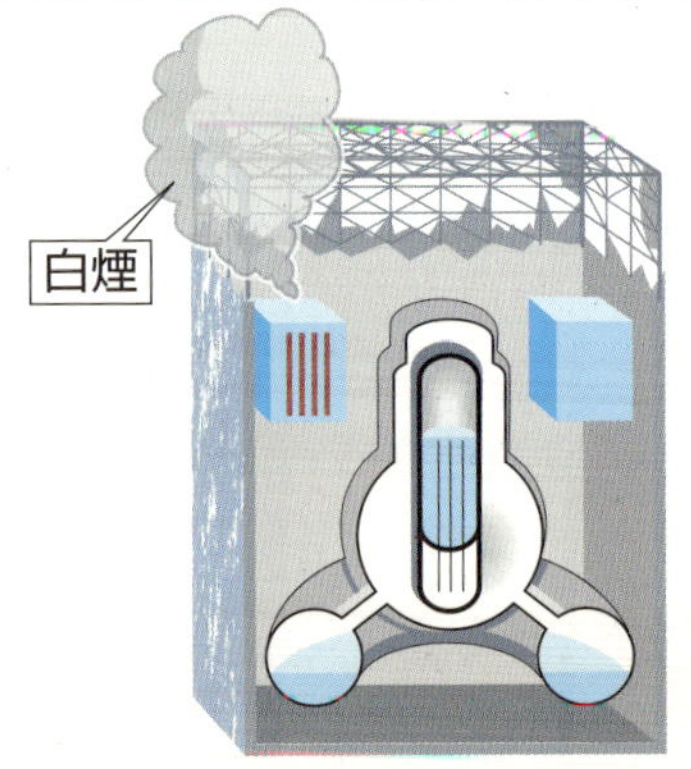

定期検査中のため燃料棒なし

シーベルト	放射線を浴びた際の人体への影響を示す単位。放射線は、ガンマ線など種類別で人体への影響度が異なる。それらを一括した尺度で観測するため、比重計算されている。自然界にも放射線があり、日常生活では年間約2・4ミリシーベルト、1時間あたりでは0・274マイクロシーベルトの放射線を浴びている。1ミリシーベルトは1000マイクロシーベルトに相当。
ベクレル	放射能の「量」を表す単位。人体に与える影響を加味した放射線の「強さ」の単位にはシーベルトが使われるが、放射線の「強さ」と放射能の「量」は必ずしも一致しない。同じ数値のベクレルでも、放射性物質の種類によって放射線の強さが異なるため、国の安全基準も放射性物質により異なる
ヨウ素131	ウランの核分裂で発生する放射性物質で、半減期は8日と短いが、体内では甲状腺に沈着、蓄積し、甲状腺がんの危険性が高まる。あらかじめ非放射性のヨウ素剤を服用しておくと、放射性ヨウ素の沈着を防ぐ効果がある
セシウム137	ウランの核分裂で発生する放射性物質で、自然界にはほとんど存在しない。半減期は30年。人体に取り込まれやすく、がんや遺伝障害の原因となる。核実験や原発事故の際に検出される代表的な「死の灰」の一つ。

福島第1原発

日付	1号機(出力46万㌔ワット1971年営業運転開始)	2号機(出力78.4万㌔ワット1974年営業運転開始)	3号機(出力78.4万㌔ワット1976年営業運転開始)
3月11日	炉心冷却装置不能	炉心冷却装置不能	
12日	水素爆発で建屋を破損▽燃料棒露出▽原子炉容器内に海水注入		
13日			炉心冷却装置不能▽燃料棒露出▽海水注入
14日		3号機の爆発で建屋を損傷・燃料棒が2度露出▽海水注入	水素爆発で建屋を破損、白煙を確認
15日		爆発で、原子炉格納容器とつながる圧力抑制室が破損	
16日			2度目の火災▽燃料貯蔵プールの水が蒸発、露出の恐れ
17日		白煙を確認	自衛隊などが地上、空からの放水開始
18日		建屋内の放射線量が一時間あたり500ミリシーベルトに	東京消防庁のハイパーレスキュー隊も放水
19日	電源が復旧▽北西約200メートル地点で基準値の6倍のヨウ素131を検出	電源が復旧	長時間放水開始
20日		消防ポンプで燃料貯蔵プールに海水注入	原子炉格納容器の圧力が一時上昇
21日		白煙を確認	黒煙を確認
22日			電源、照明が復旧▽黒煙を確認
23日	原子炉圧力容器の温度が一時400度超える	13-15日に南西約1キロの正門付近で中性子線を計13回測定していたと発表	黒煙を確認、作業中止
24日	照明が復旧		作業員3人がタービン建屋内のたまり水で被曝
25日	タービン建屋内のたまり水から通常の一万倍の380万ベクレルの放射性物質を検出▽原子炉への真水注水開始	タービン建屋内でたまり水を発見	タービン建屋内のたまり水から通常の1万倍の390万ベクレルの放射性物質を検出▽原子炉への真水注水開始
26日		照明が復旧▽排水口に放射性物質含む水流の形跡	
27日		たまり水から1、3号機上回る通常の10万倍(2000万ベクレル)の放射性物質を検出	
28日		トレンチと呼ばれるトンネル内の水から1時間あたり1000ミリシーベルト以上の放射性物質を検出	
29日	たまり水の排出作業開始	たまり水の排出作業開始	たまり水の排出作業開始
30日		トレンチ内の水から1立方センチあたり1200万ベクレルの放射性物質を検出。通常の数万倍	
31日	近くの地下水から基準値の1万倍のヨウ素131を検出		
4月1日	冷却システムに海水を送る仮設ポンプ設置	冷却システムに海水を送る仮設ポンプ設置	冷却システムに海水を送る仮設ポンプ設置
2日		トレンチとつながる取水口近くの「ピット」に亀裂が見つかり、近くの海水から法令濃度限度の1千倍の放射性物質を検出	
3日		吸水材を投入も、ピットからの流出止まらず	
4日		吸水材を投入も、ピットからの流出止まらず	
5日		汚染水はピット下部から流出と判明▽流出地点付近の海水の放射性物質が法令限度の750万倍に	
6日	爆発防ぐため原子炉格納容器内に窒素注入	凝固剤などの注入でピットからの流出止まる	
7日	窒素注入続く	流失地点付近の放射性物質が法令限度の14万倍に低下	
8日			
9日		ピット近くの取水口ふさぐ作業開始	
10日		高濃度の放射性物質を含む水を、復水器に移送	

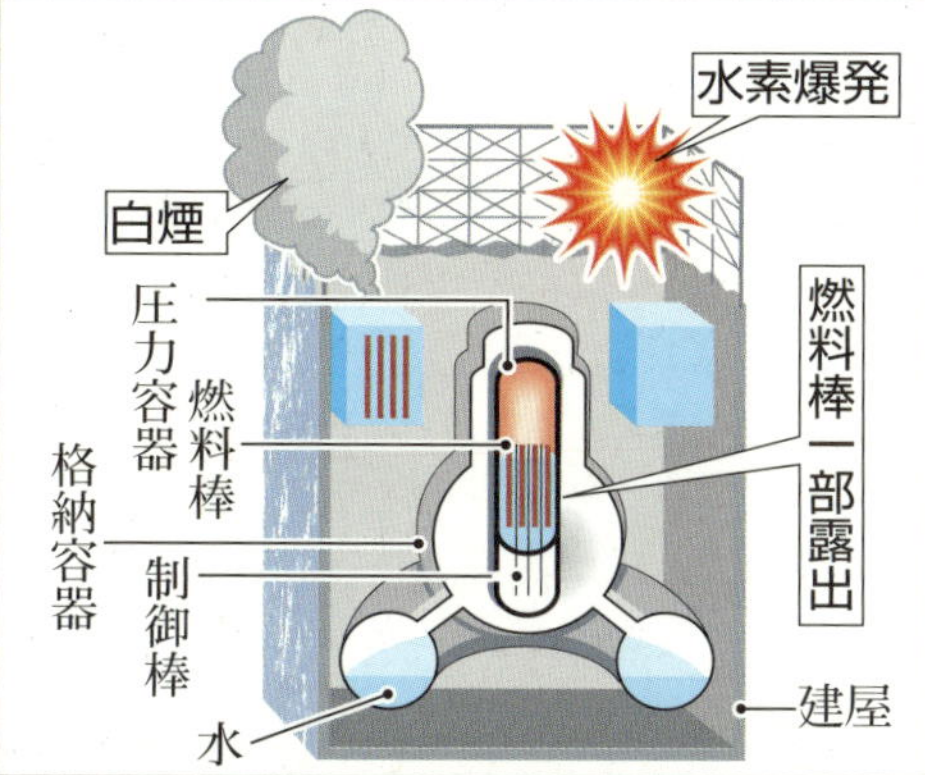

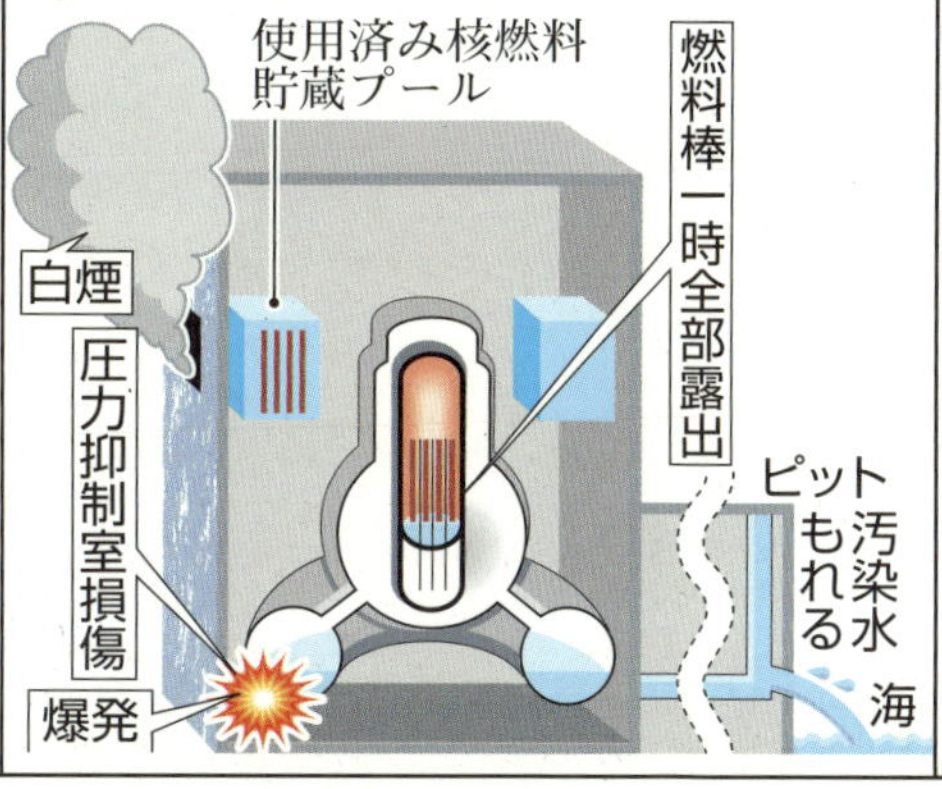

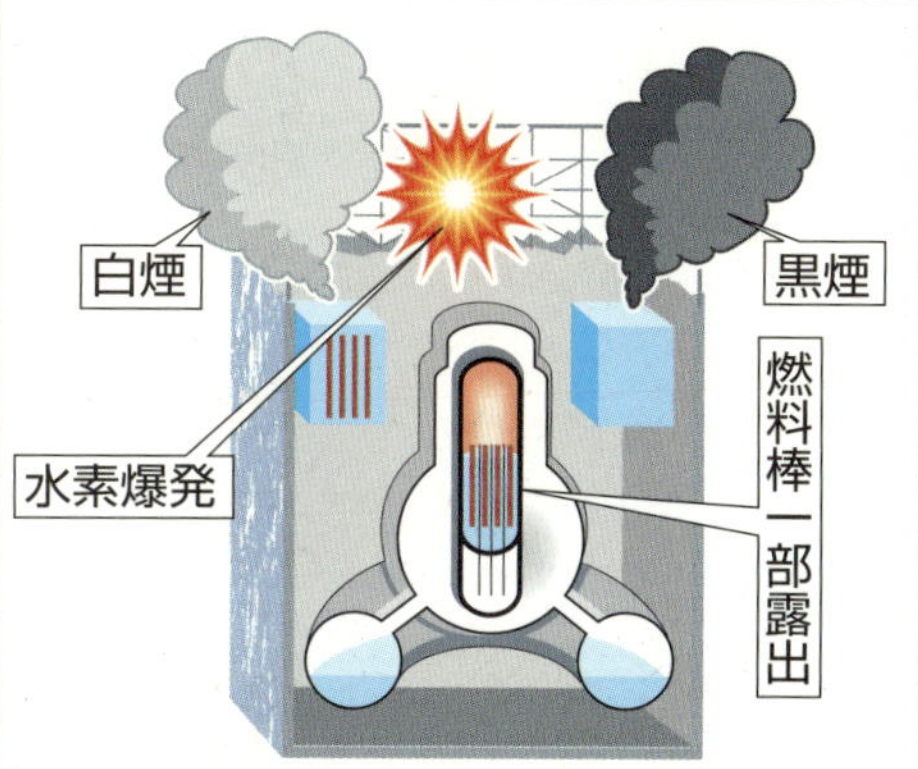

対応後手危機の連鎖 福島原発事故7場面検証

1 電源喪失

安全とコストを天秤

「最大規模の津波を考慮してきた。想定を大きく上回るものだった」

東電の原子力担当の武藤栄副社長は、3月25日の会見で弁明に追われた。想定した津波は最大5・7メートル。実際の津波は約14メートルに達し、海面から5・5メートルの堤防をのみ込み、同約10メートルの敷地に押し寄せ、海側の発電用タービン建屋に侵入し、地下にある非常用ディーゼル発電機が冠水。1〜3号機ですべての電源が失われた。

東電幹部は「津波の敷地への上陸は想定していなかった」と悔やむが、予見する機会はあった。

平成21年6月に同原発の安全性について議論された経済産業省の審議会。委員の岡村行信産業技術総合研究所活断層・地震研究センター長は「約1100年前の貞観地震では内陸3〜4キロまで津波が押し寄せた」との最新の研究結果を受け、対策の必要性を強く訴えた。

だが、東電は「学術的な見解がまとまっていない」と応じなかった。岡村氏は「精度の高い推定が無理でも備えるべきだ」と食い下がったが、審議会も東電を支持した。

「過剰な安全性基準はコスト高につながり、結局、利用者の電気料金に跳ね返ってくる」

震災前に東電幹部がよく口にした言葉だ。

国の原子力安全委員会の設計指針も、「電源を喪失した場合、復旧を急げばいいという思想に基づいており、過大な防護への投資を求めてこなかった」(関係者)。

安全とコストを天秤にかけた結果、危機の連鎖が幕を開けた。

2 炉心溶融

「可能性ゼロ」現実に

電源喪失により、1〜3号機では、安定的に原子炉に水を注入できなくなった。燃料棒内部の放射性物質(放射能)が放出する「崩壊熱」で水が蒸発し、水面上に露出。熱に強いジルコニウム合金製の「被覆管」が溶ける1200度以上に達し、日本原発事故史上最悪の「炉心溶融」が始まった。

「小さい確率の事態が全部実現すれば、炉心溶融につながることは論理的には考え得る」。昨年5月の衆院経済産業委員会での経済産業省原子力安全・保安院の寺坂信昭院長の答弁だ。

「多重防護の考え方で設計されており、安全性は確保されている」とも語り、可能性はほぼゼロに近いと否定してみせた炉心溶融は、1年もたたずに現実となった。

原発は「5重の壁」を安全性の大前提としている。燃料のウランを陶器のように焼き固めたペレットに加工し、被覆管で覆い、圧力容器に納め、格納容器で守り、建屋が囲む。

原発安全3原則のうち「止める」は機能したが、電源喪失により「冷やす」機能が失われたことで、「閉じ込める」機能もすべて破られ、放射能汚染が広がった。

原子力安全委員会は平成4年5月に電源喪失などの「シビアアクシデント」に対応できる備えを政府や電力会社に要請した。だが、「数時間後には復旧できるという考え方に基づく設計」(保安院)が見直されることはなかった。

「電源喪失で何が起きるかを想定すれば、とるべき対策があったはずだ」。宮健三東京大名誉教授は〝想定外〟は言い訳にならないと断じた。

3 ベント作業

10時間ロスで致命傷

原子炉内の水が失われ、炉心溶融が進む一方、蒸気で内部の圧力が高まり、原子炉圧力容器や格納容器が、損傷する恐れが高まった。1号機の格納容器内では一時、設計想定の5気圧の倍近い9・4気圧を計測した。

圧力を下げるには、原子炉内部の放射性物質を含む蒸気を外部に逃す「ベント(排気)」と呼ばれる措置が必要になる。しかし、その作業は、大きく遅れた。

「半径3キロ以内の避難や3〜10キロの屋内退避を実施しているので住民の安全は保たれる」。海江田万里経済産業相がベントを表明したのは、12日午前3時05分。しかし、東電が作業に入れたのは、午前10時17分。放出が行われたのは午後2時半で、表明から10時間以上もたっていた。

遅れの最大の理由は、12日朝の菅直人首相の視察ではなく、電源喪失だった。東電は手作業によるベント開放に手間取ったのだ。この間に炉心溶融が進み、圧力や高熱で圧力容器や格納容器が損傷し、「閉じ込め」機能が失われた可能性がある。

実際、2号機では14日に圧力上昇を受けベントで蒸気を放出したが、海水注入の失敗も重なり、2度にわたって燃料棒が全面露出。15日早朝に爆発が起きた。直後に格納容器につながる圧力抑制室の圧力が急低下。損傷し亀裂や穴が開き、そこから特に濃度の高い汚染水が漏出しているとみられている。

「炉心溶融後にベントを行えば、放射性物質の漏出が増える。もっと早い段階で行うのが定石だ」。大阪大の宮崎慶次名誉教授は、着手も含めた対応の遅れを指摘した。

4 海水注入

「廃炉」回避 決断鈍る?

東電がベント作業にまごつく間に、1号機の圧力容器内の水位は低下を続けた。12日午前9時半までに燃料棒の上部55センチが露出し、午前11時20分に90センチ、午後0時35分には170センチに達した。

電源がなくても原子炉の余熱でつくった蒸気を利用して原子炉に注水する非常用冷却システムを使い、6千リットルの真水を注入できていたため、より多くの量を確保できる海水注入には踏み切らなかった。

しかし、午後2時12分、施設内で放射性物質のセシウムを検出。本来は燃料棒に閉じ込められ、「核実験か原発事故の後ぐらいしか見つからない物質」(保安院)の漏出で、炉心溶融が確実となる。午後3時36分には1号機で水素爆発が発生。その30分後に海水注入を発表し、午後8時20分に実行に移した。

海水を注入すると、塩などの不純物が内部に付着して使えなくなり、「廃炉」の可能性が高まる。原発は1基3千億円規模に上る建設費に加え、地元同意などで莫大なコストがかかる。だが、建設すれば、「減価償却が進むにつれ、安定的に利益を生み出してくれる」（業界関係者）。

武藤副社長は3月21日の会見で、「淡水の確保が十分でなくなったときは、比較的早い段階で海水を入れることを念頭に入れてきた」と、注入の躊躇を否定する。

だが、内藤正則エネルギー総合工学研究所部長は今も疑念が拭えない。

「海水を入れたら何千億円も損をするという発想があったのではないか。経営のことを考えて、元通りにしようという発想では非常事態には対応できない」

5 燃料プール

炉を優先、放置続ける

15日午前6時、4号機で爆発音とともに火の手があがり、建屋の壁が崩れた。4号機は震災当時、定期点検のため停止中で、原子炉内に燃料棒もなかった。安全と思われていた4号機の爆発は、「核燃料貯蔵プール」の存在をクローズアップさせた。

「事故発生の初期段階から、米国から燃料プールは大丈夫なのかとの指摘があり、現場にもそう連絡していた」。原子力安全委員会の鈴木達治郎委員長代理は、こう明かす。

プールには高熱を持つ使用済み核燃料が大量にある。その数は同原発全体で1万本超（1755トン）。防護壁は放射線を遮る水とコンクリートの建屋しかない。

4号機には昨年11月の検査で原子炉から出したばかりの特に温度が高い燃料があることも、東電は分かっていた。

だが、「水があるうちは大丈夫」と、1～3号機の原子炉の冷却を優先し、何ら手を打たなかった。

4号機では、燃料の熱でプールの水が蒸発して水面から露出、水素が発生し爆発したとみられている。燃料が一部溶融し、放射性物質が外部に直接漏出したとみる専門家もおり、原子炉の冷却よりもプールへの放水が、「今は最優先」（保安院）と、位置づけが逆転する。

放水には自衛隊ヘリや消防車、東京消防庁ハイパーレスキュー隊の特殊車両などを総動員。放水中は、外部電源の復旧作業が中断された。

「事故発生直後から気をつけていれば、もっと早く収束できたはずだ」。鈴木氏は、東電のプール放置が復旧を大きく遅らせたと指摘した。

6 汚染水

3人被曝し存在判明

「見たくもないような数字だ」。保安院の西山英彦審議官は3月27日の会見後に、2号機タービン建屋地下にたまった汚染水が放つ放射線量に顔をしかめた。

線量計の針はかざした瞬間に最大値の1時間当たり1千ミリシーベルトを振り切った。今回の事故に限り引き上げられた緊急時作業員の年間被曝線量限度の250ミリシーベルト（通常は100ミリシーベルト）の4倍。放射能濃度は、通常運転時の原子炉内の水の約10万倍に達した。

24日に足が水につかる状態で作業をしていた3人が被曝し、初めて汚染水の存在が判明した。汚染水の量は1～3号機だけで推計6万トン。事故発生当時、失われたことで危機を招いた水が今は復旧の最大の障害となっている。

汚染水の水源は、「原子炉に注入を続けている冷却水」（東電）だ。圧力容器や格納容器の損傷で漏出。「トレンチ」と呼ばれる建屋外の配管トンネルにもたまり、2号機では海に直接流出した。

貯水場所を確保するための「玉突き排水」の結果、低濃度の汚染水を海に放出する前代未聞の事態に追い込まれる〝泥縄〟で、回収のめどはたっていない。

タービン建屋地下には、ポンプや配電盤など冷却機能の復旧に欠かせない設備があるが、「作業員も容易には近づけない」（東電）。

「原発事故で漏水の有無をチェックするのは基本。2週間もたってから汚染水の存在が明らかになったことは理解できない。早く気づいていれば、早く手を打てた」。宇根崎博信・京都大原子炉実験所教授は、汚染水を予見できなかったことを問題視している。

7 冷却装置

既存設備復旧に固執

東電が原子炉を100度未満の「冷温停止」状態にするため、全力で復旧を目指しているのが、「残留熱除去システム」だ。注水だけでは、水が蒸発してしまい冷却できない。水を循環させ、外部から海水との熱交換で水を冷やす同システムが欠かせない。蒸気で圧力が上昇し原子炉が危険な状態になったり、漏出によって汚染水が増え続けるといった「悪循環」を断ち切る切り札でもある。

だが、重要設備のあるタービン建屋地下の高濃度汚染水の存在で、復旧作業は事実上中断したままだ。汚染水を除去しないと、故障や損傷の有無も確かめられない。

「原子力技術者は融通がきかず、既存設備に固執しすぎる。広く知恵を借りるべきだ」。復旧作業にかかわるゼネコンの幹部は、こう苦言を呈する。

そもそも、頑丈な圧力容器や格納容器が損傷しており、通電しても同システムが動く保証はない。

九州大の工藤和彦特任教授は「既存設備の復旧を前提として排水にこだわっていると、いつまでもイタチごっこが終わらない」と指摘し、外部に新たに冷却システムを構築すべきだと提案する。

政府と東電でつくる事故対策統合本部もようやく外部構築の検討に着手したが、具体的なプランは描けていない。既存設備にこだわった結果、貴重な時間が失われた。復旧が長期化すれば、それだけ放射能漏れが続く。

「東電や政府には物事の先を見通す勘をもった人間がいないのではないか」

大阪大学の宮崎慶次名誉教授は、こう総括した。

爆発の痕跡が生々しく残る福島第1原発。手前から4号機、3号機、2号機、1号機＝24日（エアフォートサービス社提供）

東京消防庁が公開したハイパーレスキュー隊の活動映像。暗闇の中、がれきが散乱する敷地内を隊員が必死で駆け回る姿や、放射線量の測定器のアラームがけたたましく反応する音など緊迫した様子が記録されている。

「日本の救世主」たち

見えない「敵」との戦いだった。福島第1原発事故で19日未明の放水活動を行った東京消防庁ハイパーレスキュー隊の第1陣。
廃虚と化した原発内で被曝しながら、ホースを手作業で広げる決死の作業。
隊長らは「無事にミッションは達成した」と胸を張る一方、「隊員の家族には心配をかけた」と涙で言葉を詰まらせた。

「隊員の家族に申し訳ない」

冨岡豊彦総括隊長（47）が、福島第1原発に最初に足を踏み入れたのは18日午後5時ごろ。特殊災害対策車でどのように安全にミッションをこなせるかを探るのが目的だった。当初の東京電力側からの情報では、水をくみ上げる海側までは車で近づけるはずだったが、敷地の中はがれきで埋まり、進入はすぐに阻まれた。「ホースを手で広げるしかない」。午後7時半から始まった作戦会議。がれきを避け、海から放水車までホースを延ばすには被曝の危険が増す車外で作業を行うしかないという結論に達するまで4時間かかった。

海水を1分間に約3トン送り出すホースは太くて重い。ホースの重さは50メートルで約100キロ。それをロープで引っ張り、4人がかりで運ぶ。足場は悪く、危険な作業だった。作戦の決行は高山幸夫総括隊長（54）ら約40人の隊員に委ねられた。

「危険度を熟知する隊員の恐怖心は計り知れないが、拒否する者はいなかった」と、佐藤康雄警防部長。だが、防護服の着用に普段の3倍以上の時間がかかるなど、緊張の色は隠せなかった。

約20人が車外に出ての作業。車外作業者には、放射線量を測る隊員から危険度を知らせる声がかかった。「常にそばでバックアップしてくれる仲間がいたからこそ達成できた」と高山隊長。作業は約15分で完了し、屈折放水塔車は白煙を上げる3号機に向け、19日午前0時半、放水を開始。20分で約60トンを放水した。

家族には心配をかけたという思いがある。高山隊長は任務に出る前、「必ず帰ってくるから安心しろ」と妻にメールを送った。妻からは「信じて待ってます」と短い返信があった。佐藤部長は妻に福島行きを伝えると、「日本の救世主になってください」と一言書かれたメールが送られてきたという。

会見で、冨岡隊長は「国民の期待をある程度達成できた。充実感がある」と語る一方、作戦に従事した隊員について「家族には本当に申し訳ない。おわびを申し上げたい」と涙ぐんだ。

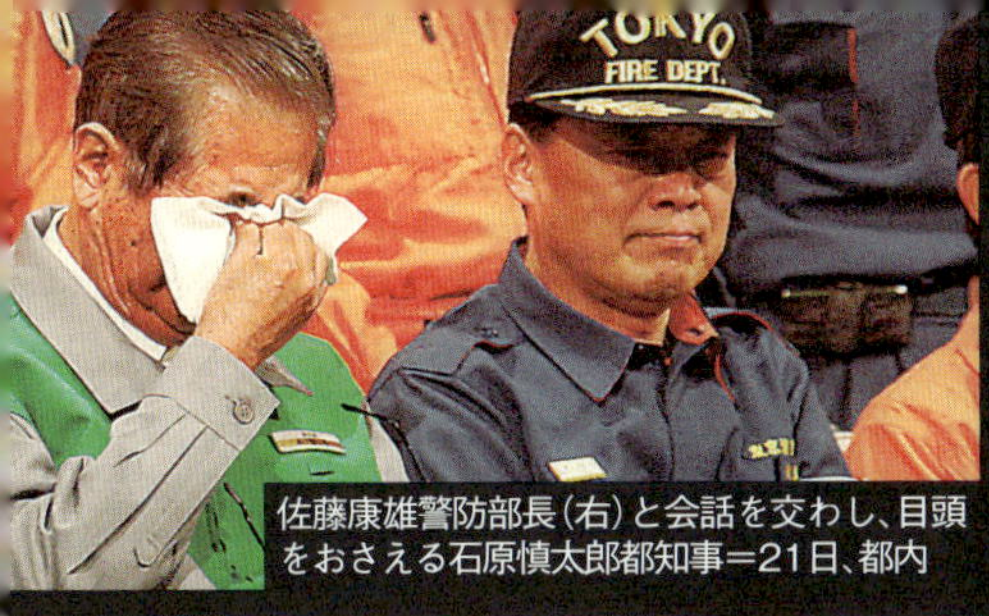

佐藤康雄警防部長（右）と会話を交わし、目頭をおさえる石原慎太郎都知事＝21日、都内

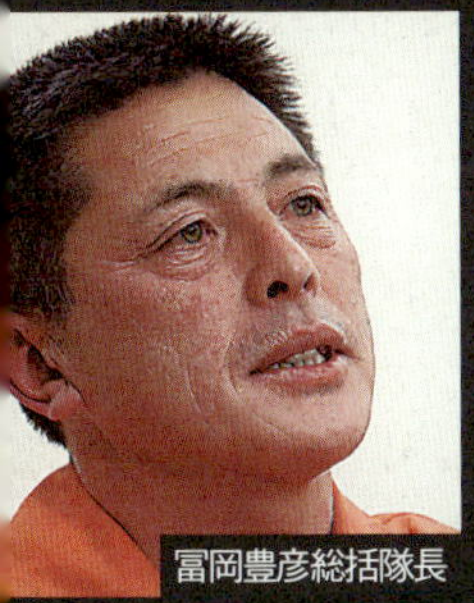

冨岡豊彦総括隊長

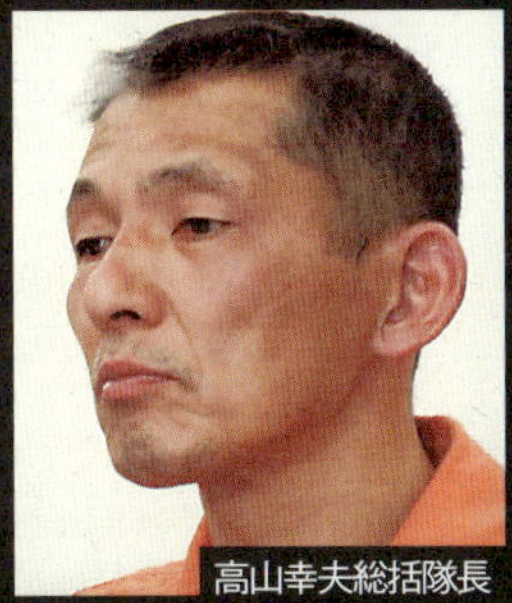

高山幸夫総括隊長

3月16日、激しく煙をあげて燃えた3号機。この2日後に隊員らは現地入りした（東京電力提供）

「物すごい早さで時が進んだ」

ハイパーレスキュー隊員の福留一彦消防司令補（44）と國澤健一消防司令補（41）。18日午後11時ごろ。原発に到着した2人が目の当たりにしたのは、無残に破壊され尽くした施設の不気味な姿だった。津波や爆発などで散乱したがれき。建屋が吹き飛んだ1号機と3号機は、鉄骨の骨組みがむき出しになっていた。

「文字通りの真っ暗闇。静寂の中で、隊員の怒声だけが響いていた」

放射能という見えない敵への恐怖心に加え、がれきの山が隊員の行く手を阻んだ。ホースを担ぎ、暗闇の中を駆け抜けた福留消防司令補が目をこらすと、通り道のマンホールのふたが吹き飛び、口を開けていた。國澤消防司令補は海水をくみ上げるポンプを設置したが、海に面した岸壁はボロボロで、今にも崩れ落ちそうになっていた。

「一瞬の判断ミスが命取りになる」。シミュレーションを繰り返して乗り込んだはずの現場は〝想定外〟の連続だったが、隊員同士の励ましが心を支えた。

放射線量を測定し、隊員に被曝の状況を逐一伝えた隊員。原発建屋の数メートルまで接近して、放水塔を準備した隊員。防護服やマスクで声はまともに届かないが、「まだ大丈夫。がんばれ」と互いに声をからしたという。

被曝の恐れから時計を外して作業にあたったため、時間の感覚は吹き飛んだ。福留消防司令補は「物すごい早さで時が進んだ。すべてがあっという間の出来事だった」。

そして、恐怖と苦難が吹き飛ぶ瞬間が訪れる。「いい水が出てるぞ」。19日未明、放水塔から放たれた水が白煙を上げる3号機にかかった瞬間、現場には隊員の大歓声が響き渡った。

無事に帰還した2人だが、家族には多くを語らなかった。

「カミさんも『お疲れさまでした』とだけ声をかけてくれた。消防官の妻は、みんなそんなものです」。國澤消防司令補は、静かにほほえんだ。

「支えてくれた仲間や上司、家族に感謝します。そして、現場で今も奮闘している自衛官、警察官、東京電力のみなさまのことを忘れないでほしい」。2人は声を合わせるように語った。

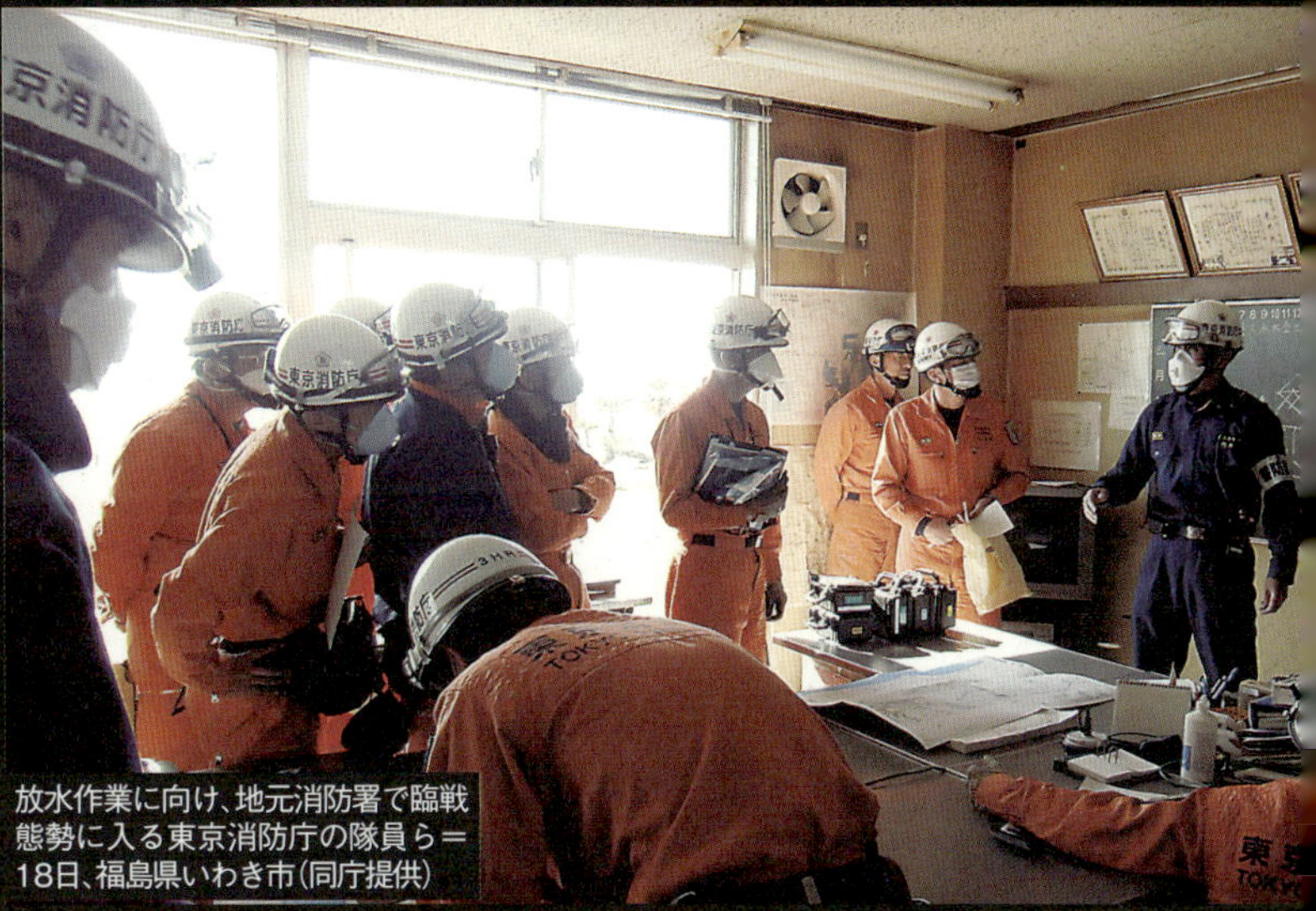

放水作業に向け、地元消防署で臨戦態勢に入る東京消防庁の隊員ら＝18日、福島県いわき市（同庁提供）

任務終了後、地元に戻った大阪市消防局の消防隊員ら。互いに健闘をたたえ合った＝23日、大阪市西区

緊迫した現場の様子を語った福留一彦消防司令補（左）と、國澤健一消防司令補＝東京都立川市

生コン圧送機を使用した4号機への放水作業。建屋の周りに作業員が近付いている＝22日（東京電力撮影）

3、4号機に海水を注水するために伸びたホース＝23日（原子力安全・保安院撮影）

防護服を着て交通整理などの業務にあたる警察官ら＝12日、福島県浪江町

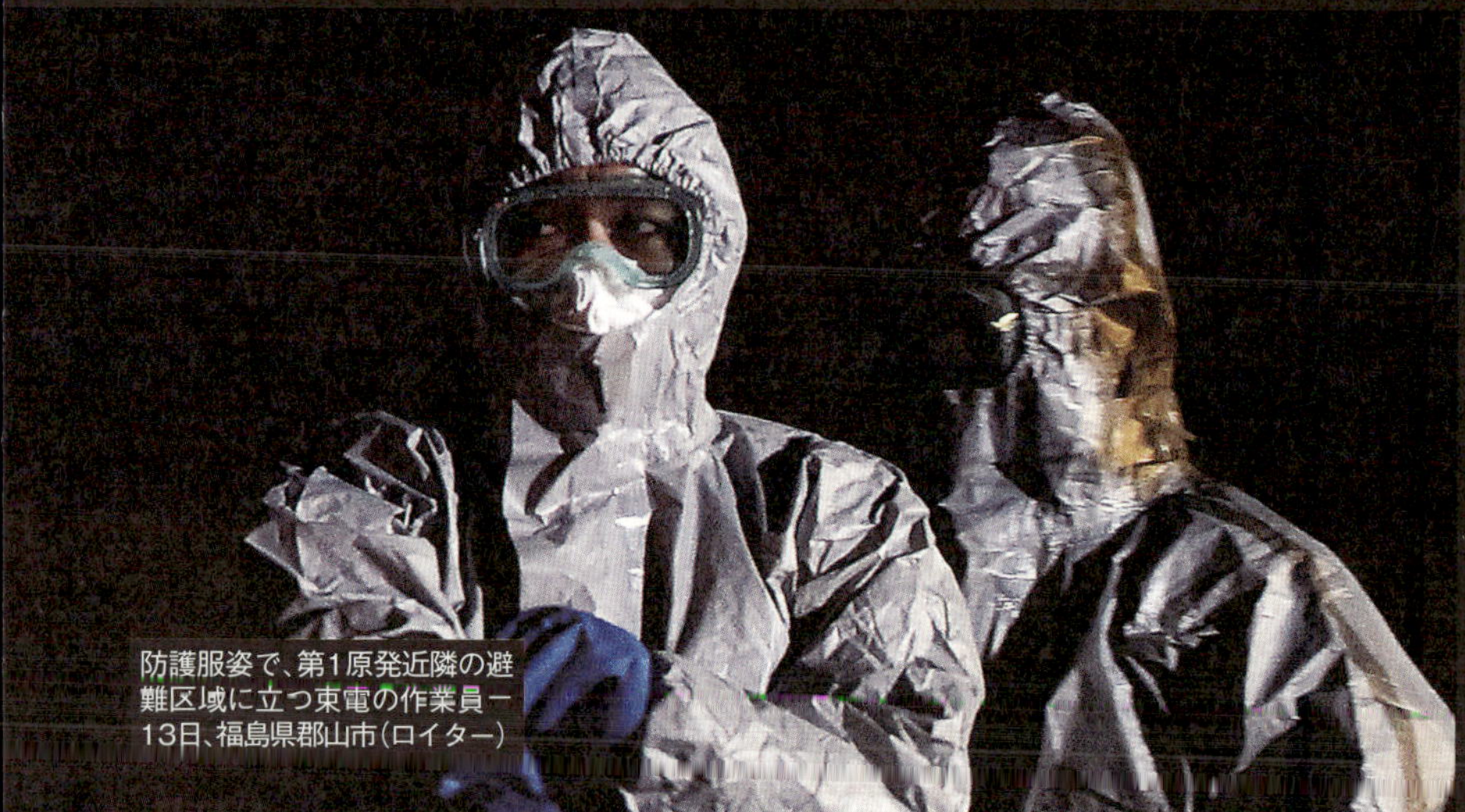

防護服姿で、第1原発近隣の避難区域に立つ東電の作業員＝13日、福島県郡山市（ロイター）

「保安院の人たちは逃げた」

福島第一原発の復旧作業にあたっているのは、特殊な訓練を積んだ消防隊員や自衛隊だけではない。東京電力はもちろん、その「協力会社」の社員たちもいる。いわゆる下請けや孫請け会社の社員たちだ。その多くが地元住民であり、被災者でもある。

ズドン。重い爆発音が響き渡った。3月14日、3号機が水素爆発を起こし、原子炉建屋の上部が吹き飛んだ。福島県内の協力会社のベテラン社員、根本誠さん（47）＝仮名＝は隣の2号機で電源復旧作業に当たっていた。外へ出ると3号機は鉄の骨組みがむき出しになり、コンクリートのがれきが散乱、灰色の煙がもうもうと青空へ立ち上っていた。

「もうだめだ…」

仲間の声が聞こえた。根本さんは「放射線を食らうぞ。避難するんだ」と声を上げて防護服のまま、がれきの上を走った。作業基地となっている免震重要棟まで1キロ近く、最後は息切れして歩いてたどり着いた。全員の無事を確認し、同僚4人ほどと喫煙室で「やばかった」「もし外にいたら」と話した。仲間を見ると、たばこを持つ手が震えていた。

根本さんは震災発生時、第1原発の事務所3階にいた。東電の要請に応え、同僚十数人と原発に残った。

「被曝の危険性は分かっているが、復旧には私のように原発で18年働いてきた者が役に立つ。残らなくても誰も責めないだろうが、自分がよしとはできない。覚悟を決めた」

第1原発で保守の仕事を請け負う会社に勤める佐藤大輔さん（27）＝仮名＝は3月16日、同僚20人とマイクロバスに乗り第1原発へ向かった。元請けの協力会社から打診され「行きます」と志願した。5号機の冷温保持にかかわる作業だった。「原子炉が爆発したら終わりだが、招集がかかるうちは何とかなると判断した。ただ、中には会社員として行かざるを得ないという人もいて、車内の空気は沈んでいた。年長の作業員は『もう死ぬのか』と青い顔をしていた」

佐藤さんは、15日に2号機が爆発した際、現場から5キロ地点のオフサイトセンター（緊急時対策拠点）にいた経済産業省原子力安全・保安院の職員らが約50キロ離れた郡山市まで退避したことを挙げ、こう話した。

「誰かがやらなきゃならないことだから、やっている。ほかの専門的な仕事と職種が違うだけのことだと思う。保安院の人たちもそこに作業員がいる限り、とどまるのが仕事ではないか。専門家が住民より遠くへ逃げたら、誰を信じればいいのか」

3号機のたまり水で被爆した作業員らは、除染のためビニールシートに囲まれて屋外に出た＝25日、福島県立医大病院

「地元にはそういう現実がある」

かつて有数の出稼ぎ地帯だった福島県の太平洋岸「浜通り」地方。この地に昭和42年の福島第1原発1号機の着工から広野火力発電所4号機の完成まで、四半世紀にわたり原発10基、火力4基が作られた。福島大学の清水修二副学長（62）＝財政学＝の研究によれば、総事業費は2兆円余り、月当たり71億円に上った。

清水さんは「建設が終わった後も運転保守の仕事が続き、6町2村で人口7万2千人の双葉郡の2世帯に1人は発電所で働いている。現在、復旧作業を続けているのは使命感や責任感もあるだろうし、原発への依存度が高いがゆえに『生活のため』という面もあるだろう。地元にはそういう現実がある」と指摘する。

東電によると、第1原発では震災後、連日300～500人が働き、うち数十名は協力会社の社員だという。「地元に密着した原発を目指す理念から『協力会社』と呼んでいる」（総務部）と説明。震災前までは第1原発では東電約1千人、協力会社約4千人の計5千人が働いていたが、復旧作業は東電社員が8割以上を占めている。むろん、その多くも地元民である。第2原発で第1原発の復旧を支援する東電の女性社員は本社の上司へ次のような電子メールを送った。

《実家の両親も津波に流され、いまだに行方がわかりません。すぐにでも飛んでいきたい…。ただ被災者である前に、東電社員としてみんな職務を全うしようと頑張っています。私たちは最後まで戦います》

3号機に向けて放水する自衛隊の消防車。空からの放水も続いた＝18日（自衛隊中央特殊武器防護隊撮影）

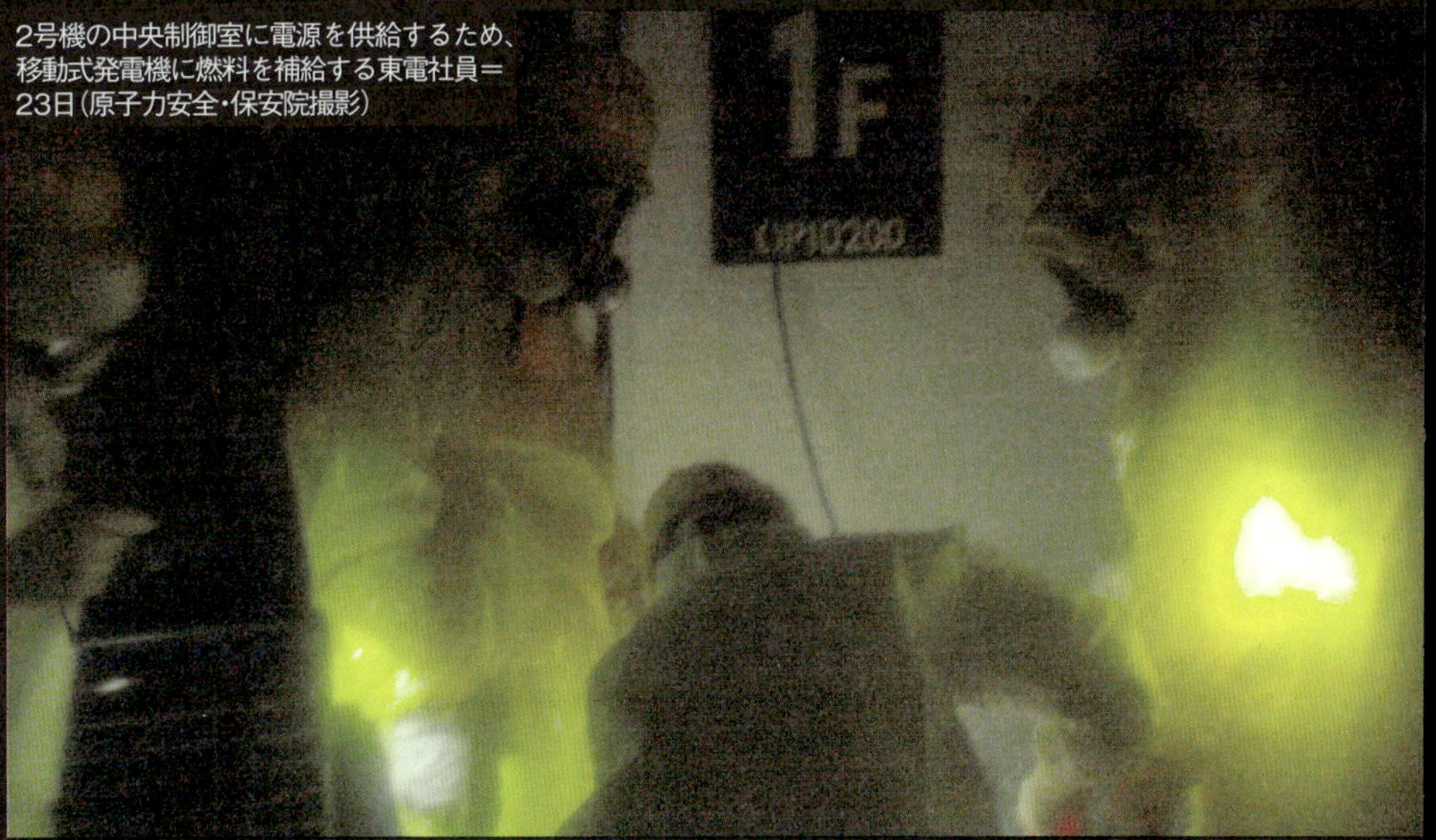

2号機の中央制御室に電源を供給するため、移動式発電機に燃料を補給する東電社員＝23日（原子力安全・保安院撮影）

福島第1原発の事故で、各地の浄水場などの水から厚生労働省が設定した「暫定基準値」を超える放射性物質の検出が相次いだ。「安全と水はタダ」とされた日本で起きた水パニック。国際機関によって規制基準の数値が異なっていることもあり、消費者の不安は解消されていない。

水 パニック

浄水場から最も多く検出されている放射性物質は放射性ヨウ素だ。暫定基準値では、1リットル当たり100ベクレル以上で乳児の、300ベクレル以上で乳児以外の摂取制限を検討するよう定めている。一方、世界保健機関（WHO）が定める「飲料水水質ガイドライン」では、日本の暫定基準値の30分の1に当たる水1リットル当たり10ベクレルが規制値。かなり厳しい数字だ。

WHO西太平洋地域事務局の小川尚氏は、この数値を「日常では水からヨウ素がほとんど検出されないことを前提にした厳しいものであり、原発事故などの緊急時に適用するものではない」と説明。「上限値の水をずっと飲み続けたら、数万人に1人は何らかのリスクが生じ始める程度」というのがWHOの見解だ。

一方、“非日常”を想定した基準もある。国際原子力機関（IAEA）の国際ガイドラインは、日本の暫定基準値の10倍に当たる飲料水1リットル当たり3000ベクレル以上を提示している。ただ、飲料水によるヨウ素の被曝量は年間10ミリシーベルトを超えないようにとも勧告。3000ベクレルの水を1年間毎日、1リットルずつ飲み続けた場合は年間24ミリシーベルトになり、勧告を上回ってしまう。

飲料水における放射性ヨウ素の基準値

ガイドライン	基準値（ベクレル/リットル）	基準値の水を毎日1リットル飲んだ場合の年間線量（ミリシーベルト/年）※1
WHO飲料水水質ガイドライン	10	0.08
日本の暫定基準値（乳児以外）	300	2.4
日本の暫定基準値（乳児）	100	0.8
IAEAの国際ガイドライン	3000	24※2

※1：計算には、「放射線障害防止法」に定められた1ベクレルをシーベルトに換算する係数2.2×10^{-8}を使用
※2：IAEAは3000ベクレルの水1リットルを1年間飲用する前提を取っていない

基準値を超えた放射性ヨウ素が検出された主な水道事業

※単位はベクレル。最新値は4月9日までの発表分

		（最高値）	（最新値）
福島県	飯舘村飯舘簡易水道事業	965	24
	川俣町水道事業	308	不検出
	田村市水道事業	348	不検出
茨城県	東海村上下水道事業	188	2
千葉県	千葉県水道事業（ちば野菊の里浄水場）	220	不検出
東京都	東京都水道事業（金町浄水場）	210	不検出
栃木県	宇都宮市上水道事業	108	4

乳児の飲用基準を超える放射性ヨウ素が検出された東京都水道局の金町浄水場

かつて「安全と水」はタダだった

原発事故に伴う放射能漏れを受け、周辺自治体の農作物や水産物の風評被害が広がった。野菜や魚の取引価格が急落。放射性物質（放射能）が未検出にもかかわらず、農家や漁師たちは先の見えない不安との闘いを強いられている。

JAが風評被害応援イベントで東北・関東の野菜を販売。2時間で段ボール約100箱を売り切る盛況だった＝4月7日、東京・大手町

農業 同じ県内だから…

「トマトとイチゴは前年の取引価格の6割、キュウリは4割。風評被害の元凶は原発事故。これが収まらないと復興できない」。JA全農福島の関係者は福島県産の野菜が値崩れしている現状をこう話す。3月21日、政府は福島、茨城、栃木、群馬の4県で基準値を超える放射性物質が検出されたため、ホウレンソウやカキナなどの出荷制限に踏み切った。制限された野菜以外は安全だが、風評被害の発生で価格が下落した。政府は4月4日、都道府県単位で実施してきた出荷制限の区域を見直し、市町村ごとに「発動」と「解除」が行えるよう改めたが、「同じ県内ということで買いたたかれるだけ」との声は強い。コメ作りをめぐっても政府は、水田の土壌に含まれるセシウムが1キロ当たり5千ベクレルを超えた場合、作付け制限を指示する方針だ。

漁業 水揚げ拒否

「魚体内に入った放射性物質は体外に排出される」。国は漁業関係者にこんな説明を繰り返してきた。しかし、茨城県北茨城市の平潟漁協が4月4日、同市沖で取ったコウナゴから1キロ当たり4080ベクレルの放射性ヨウ素が検出されたと発表。翌日にも市内の別の漁協が取ったコウナゴから基準値を超えるセシウムが検出され、県は沿岸11漁協にコウナゴ漁の自粛を求めた。同漁協の武子寛代表理事組合長は「コウナゴ以外の魚も通常の半値以下に値崩れした。船の燃料代にもならない。海の汚染は日本全体の問題だ。きちんと補償してほしい」と怒りをあらわにした。5日には、はさき漁協（茨城県神栖市）所属の漁船が銚子漁港魚市場（千葉県銚子市）に魚を水揚げしようとして拒否されたことが発覚。銚子漁協の関係者は「拒否したくはなかったが茨城の海で取れた魚が銚子から出ていると思われるのは困る。風評被害は死活問題」と本音を明かした。

数年の長期戦も
―復旧のシナリオ―

東日本大震災で深刻な被害を受けた東京電力福島第1原子力発電所は、「安定」状態を取り戻す復旧作業の長期化が避けられない状況だ。第1段階である大量の汚染水の排水・回収が難航。その後も循環・冷却システムの復旧など「いくつもの高いハードル」（経済産業省原子力安全・保安院）が待ち構える。専門家からは、最短でも今後1～数カ月、最悪なら数年の時間を要するとの見方も出ている。さらに廃炉処理によって「安全」と「安心」を取り戻すには、10年以上の長期戦を覚悟する必要があるとの指摘も出ている。

シナリオ①

原子炉の温度を100度以下の「冷温停止」状態にできるかの最大のポイントは、震災と津波による電源喪失で失われた「冷やす」機能の復旧だ。震災時に制御棒が装填され、核分裂は止まったが、炉心の燃料棒内の放射性物質は安定した物質に変化する過程で「崩壊熱」を出し続ける。

現在はプルトニウムが漏れ出す2700度以上の高熱になり、一部溶融した燃料棒を冷やすため、仮設ポンプによる注水を続けている。だが、注水は応急処置にすぎず、水はすぐに蒸発してしまう。

冷温停止には、「残留熱除去システム」と呼ばれる原子炉内の水を循環させ、高温となった水を外から海水との熱交換で冷やすシステムを再稼働させることが不可欠だ。緊急停止後に正常にシステムが作動すれば、2日程度で冷温停止になる。

東電や保安院内には当初、「システム再稼働まで1カ月以内」との期待もあった。だが、現在は汚染水に阻まれ、原子炉建屋内にある配管やポンプ、熱交換装置の故障の有無も確認できない状態で、このシナリオは遠のきつつある。

シナリオ②

1～3号機は、原子炉内の高濃度の放射性物質を含んだ水が、原子炉格納容器や配管、バルブなどの損傷で外部に漏れ出しているとみられ、循環・冷却システムも損傷している可能性が高い。汚染水は強い放射線を放出しており、修理や交換は困難だ。保安院でも「（損傷場所を迂回し）別のルートを使う」とし、代替ルートを検討している。

「ビルの屋上にあるクーリングタワー（エアコン室外機）のようなものを持ち込むなど、仮設の配管と熱交換装置で循環・冷却システムを構築できる」と指摘するのは、元東芝研究員の奈良林直北海道大教授（原子炉工学）だ。

放射線量の高い厳しい環境での作業となり、奈良林教授は「放射線を遮る鉄板やコンクリートのついたてを設置して道を作り、鉛の入った防護服と併用して安全を確保した上で、作業員が交代しながら工事を行うしかない」と話す。

米スリーマイル島の原発事故処理では、冷温停止後に燃料棒を取り出す際に同様の方法をとっており、ノウハウはあるというが、作業は数カ月に及ぶ可能性がある。

シナリオ③

水素爆発などによる損傷が激しく、循環・冷却システムが復旧不能な事態も想定しておかなければならない。注水だけで核燃料を冷やさざるを得なくなった場合、どれだけの時間がかかるのか。京都大の宇根崎博信教授（原子力工学）は、「1年後には崩壊熱は現在の5分の1程度にまで小さくなる」と指摘。そうなれば、原子炉を満水にして、蒸発で減った分だけ水を補給する安定的な冷却が可能になるとみる。

だが、「本当の安定までには、そこから数年をみなければならない」（宇根崎教授）。原子炉の除染や解体などによる処理が始まるのはそこからだ。

復旧が長引けば、その間、水蒸気や水とともに放射性物質の漏出が続く。総力を挙げた復旧に加え、長期化も視野に入れた対策が急務だ。

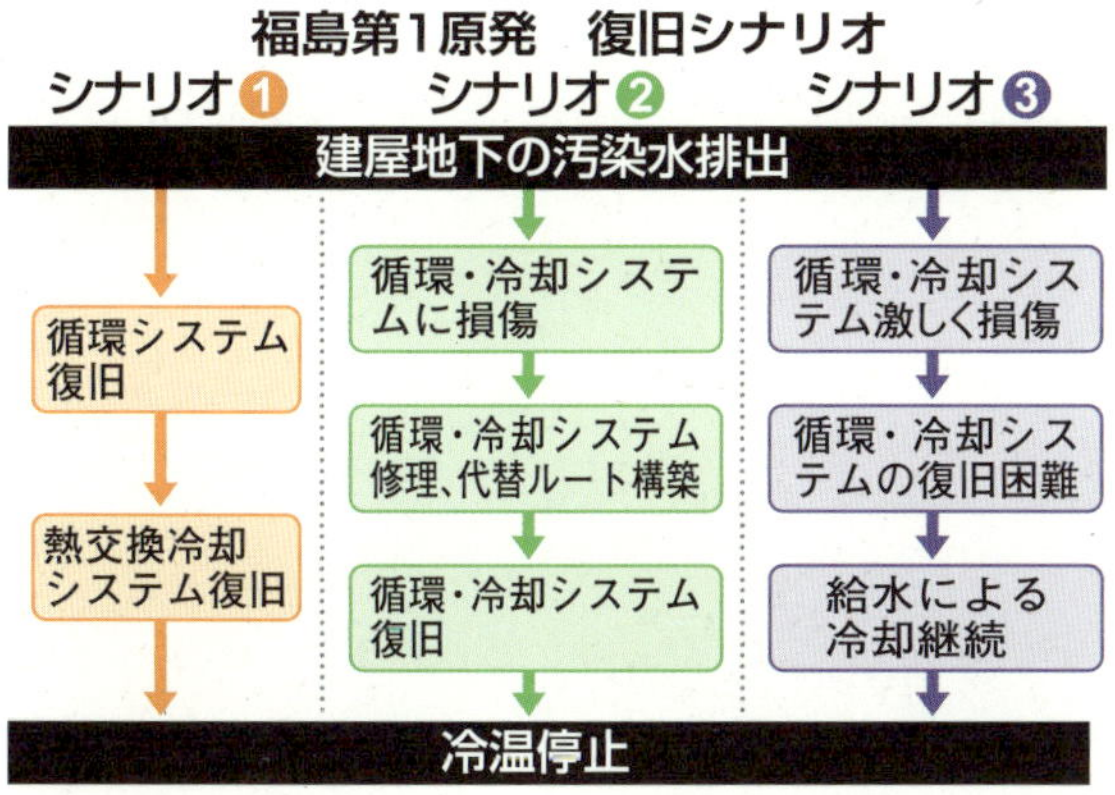

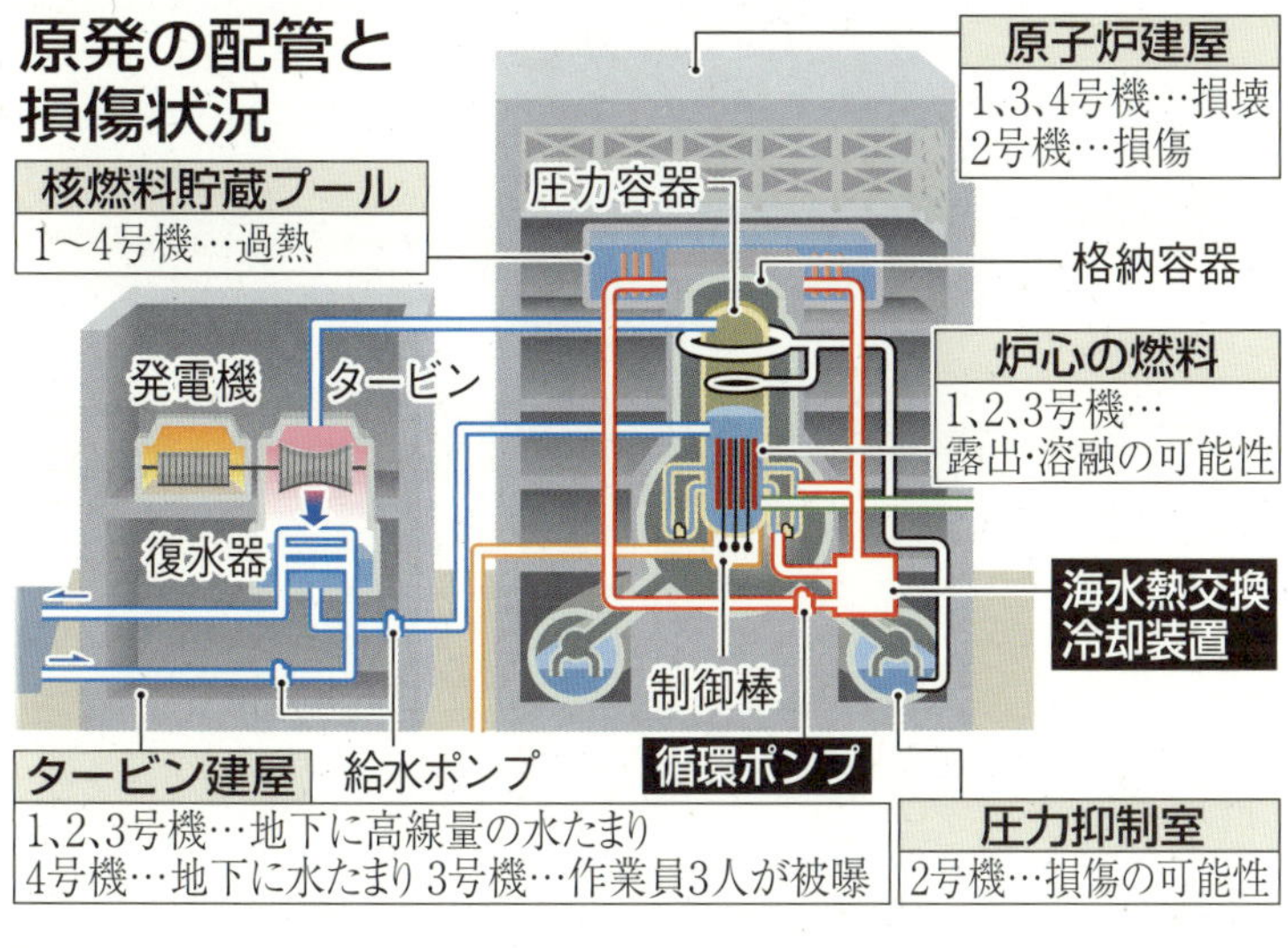

福島第1原発 廃炉の道程

東京電力福島第1原子力発電所は原子炉を冷やし安定を取り戻しても、そこからさらに長く厳しい苦難の道が続く。勝俣恒久会長が会見で口にした1～4号機の「廃炉」は、生やさしいものではない。専門家の中には、旧ソ連のチェルノブイリ原発のようにコンクリートで封印し、〝石棺〟にするしかないとの指摘もある。

茨城県東海村の日本原子力発電・東海発電所では、日本初の廃炉作業が進んでいる。1998年に32年間の営業運転を終了。原子炉内の核燃料棒が冷えるのを待ち、取り出しが完了したのは、運転終了から3年後の2001年。解体完了には20年もかかる見込みだ。費用は総額885億円、2万7800トンもの放射性廃棄物が出るという。

作業は健全な原発の廃炉マニュアルに従ったもので、放射能漏出が起きた原発は、想定していない。参考になるのが米スリーマイル島原発事故だ。米原子力規制委員会（NRC）の資料によると、1979年3月に起きた事故後、原子炉建屋に作業員が入れるようになったのは翌80年7月。核燃料の取り出しは、6年後の85年10月から始まり、終了は事故から10年以上たった90年1月だ。

福島第1原発も「まず原子炉から核燃料を取り出す必要がある」と指摘するのは、エネルギー総合工学研究所の内藤正則部長。5年間冷やせば作業ができる環境になるが、「放射線量は依然高く、完了に10年以上かかるだろう」とみる。

解体処理に取りかかれるのは、その後だ。東海発電所は出力16・6万キロワット1基に対し、1～4号機は計280万キロワット。放射能で汚染された高レベル廃棄物が比較にならないほど大量に出る。廃棄物は放射線量が半減するまでの30～50年間、厳重に保管し、地中深くの最終処分場に埋設する必要があるが、日本には最終処分場がまだない。

近畿大原子力研究所の杉山亘講師は、廃炉の道程の厳しさを踏まえ、こう結論づけた。

「原子炉内にコンクリートを注入し、放射能が減るまで待った方が安全だ。原子炉を解体するよりもリスクが低い」

チェルノブイリは今

原子力発電史上、最悪の事故として知られる旧ソ連チェルノブイリ原発事故。発生から25年となる現場では放射性物質（放射能）汚染の拡散を食い止める努力がいまも続き、最前線で事故処理に当たった人は放射能被害の不安に悩まされている。福島第1原発事故の収束が遅れるなか、関係者は日本の出来事を自らの過去に重ねて注視していた。

コンクリートで覆われたチェルノブイリ原発4号機。周辺環境への汚染防止作業は現在も続いている

首都キエフから北に約100キロ。数百メートル先にそびえるチェルノブイリ原発4号機は、巨体を支えきれなくなった満身創痍の高齢者を思い起こさせた。

放射性物質の拡散を防ぐため、事故発生から半年後に4号機をコンクリートで覆った「石棺」（サルコファーク）は至る所が赤くさび付き、雪や雨により色あせていた。

建物から数百メートルの地点では、放射線をはかるモニターの数値が8マイクロシーベルトを超えた。キエフで測定した値の約40倍。短時間なら健康に問題はないが、モニターは「危険です」と絶えず警告を発していた。

半径30キロ圏内は許可なく立ち入ることが禁じられ、現在は3000人が4号機内部に残る核燃料を貯蔵庫に移す作業などに従事、ほかに4000人が周辺の河川や土壌の汚染を防止する作業を行っている。無許可で舞い戻って暮らす高齢者ら約230人のほか、シカなど60種以上の哺乳動物もいるという。

3月31日に現地で記者会見したホロシャ管理局長は、「周辺の放射線の数値は安定している」と強調した。が、石棺の内部にはコンクリートや粉塵など大量の核燃料含有物質が残り、周囲に漏れ続けている。今後数十年、周辺が安全になることはないという。

「原発は環境に良く、低コストといわれるが、健康被害が出れば決して安くつくものではない」

4号機で計器全般の温度管理を担当し

原発事故でゴーストタウンとなったウクライナ・プリピャチ市の遊園地

チェルノブイリ原発事故
1986年4月26日午前1時23分、旧ソ連・ウクライナのチェルノブイリ原発4号機が出力実験中に暴走、原子炉ごと建物が爆発して大量の放射性核分裂生成物が飛散した。国連は将来も含めて事故による死者を4000人と推計。石棺をさらに巨大なシェルターで覆う計画が進んでいるが、資金が6億ユーロ（約720億円）不足するなどして本格着工していない。

ていた61歳のコリャーディンさんは、事故発生の翌日から3日間、爆発した原子炉への放水作業などを行った。

その後も立ち入り禁止区域で勤務を続け、13年前に倒れた。血栓症を患い、首に血管代わりのプラスチック管を埋め込んだ。危険な仕事と病気との因果関係は不明だが、「25年間、薬を飲み続けている」と話し、子供や孫の体に異常が出ないかと心配している。

数キロ離れたプリピャチ市には、コリャーディンさんら原発関連の仕事に就く人が多く住んでいたが、事故直後に住民全員が強制的に避難させられ、ゴーストタウンと化した。

国連は2008年、ウクライナと隣国ベラルーシの両国で甲状腺がんの発症率が急増しているとの調査結果を発表した。農業省のドゥトフ放射線検査部長は、「爆発で飛び散った放射性ヨウ素を吸ったり、汚染された牛乳を飲んだりしたためだろう。子供の発症例も増えているようだ」と話した。

農地に飛散した放射性物質との戦いはいまも続いている。半減期が8日と短いヨウ素131に比べ、約30年と長いストロンチウム90やセシウム137は、根を通して農作物に取り込まれる懸念があるからだ。政府は作物が吸収しやすいカルシウムやカリウムを農地に大量散布、放射性物質から遠ざける戦略を取っている。

非常事態省科学技術センターのリュドウィク所長は、「福島第1原発の場合は、閉じこめ機能がまだ残っていて、一部の放射性物質しか漏れ出していない」とし、チェルノブイリよりも事故の規模は格段に小さいとの見方を示した。

石油・天然ガスを輸入に頼るウクライナは原子力をエネルギー安全保障の根幹に据えている。国内では15の原子炉が稼働し、全供給量の半分近くをまかなう。世界原子力協会（WNA）のウェブサイトによると、ウクライナのウラン推定埋蔵量は世界10位と欧州周辺で最も多く、少なくとも2050年まで十分な電力が供給できる量に相当するという。

リュドウィク所長は、「国内の原発の安全性は格段に増したが、専門家として原発が不完全なものであることは熟知している。低コストの代替エネルギーがあれば、転換することに異存はない」とし、豊富なウラン埋蔵量を背景に、当面は原子力に頼らざるを得ないと話した。

これまでの大きな原発事故

	福島第1原発事故	スリーマイル島原発事故	チェルノブイリ原発事故
国際原子力事象評価尺度（INES）	レベル5（暫定）	レベル5	レベル7
原子炉の型	「沸騰水型軽水炉」。圧力容器と格納容器の二重防壁	「加圧水型軽水炉」。格納容器あり	「黒鉛減速沸騰軽水圧力管型原子炉」。格納容器なし
発生状況と経過	地震と津波による破壊で冷却機能を喪失	故障と人為的ミスが重なり、冷却材が流出。「炉心溶融」が起こった	試験運転中の原子炉が暴走し、爆発。大量の放射性物質が拡散
対応	海水や真水の注入などで冷却に努める	冷却材のポンプが稼働し、収束へ	コンクリート製の「石棺」で完全封鎖

（写真は東京電力、ロイター提供）

子供たちが、消えた

―石巻市立大川小学校

教科書や鍵盤ハーモニカ、絵、写真などが散乱した校舎。

そこにはがれきをかき分け、児童たちの遺留品をみつけて涙する親たちの姿があった。

北上川の河口にある宮城県石巻市立大川小学校は、地震で校庭に大半の児童と教職員が避難していたところを津波にのみこまれた。全校児童108人のうち、生存が確認されたのは、わずか34人。教員も12人のうち、10人が死亡、または行方不明となっている。

母親は遺留品を一つ一つ手で拾いながら、わが子のものを探していた＝22日

大きかった校門もほとんどが水に浸かり、がれきに埋もれていた＝21日

鍵盤ハーモニカなどの楽器も多数見つかった。泥にまみれ、もう使うことはできない＝22日

ステンドグラスが施されたホールは面影もなく崩壊していた。校舎と体育館をつないでいた2階の渡り廊下もねじれたように落ちていた。校舎内は腰の高さほどまで土砂で埋まり、津波で押し流されてきたがれきが散乱していた。音楽室のピアノはひっくり返り、4本の足をつき上げていた。

毎日のように遺体が見つかる。

「ケンちゃん、ケンちゃん、ケンちゃん。苦しかっただろう。ゴメンな」

ビニールシートに包まれて運ばれてきた子供の姿を確認した親の悲痛な声が響く。近くには、捜索隊が持ち帰った泥だらけのランドセルや鍵盤ハーモニカ、学習用具などが山積みになっていた。

「少しでも子供の思い出が見つかれば」と遺留品の中から懸命に自分の子供の写真を捜す母親(37)がいた。小6の長女(12)と小3の長男(9)を失ったという。

「学校で避難したと聞いて、安心していたが…。泣くしかできません」

大川小は北上川河口から数キロの川沿いにあったが、津波にのまれた。国土地理院の調査によると、一帯では津波が海岸線から10キロ以上さかのぼったとみられ、同小より下流は浸水がひどく、捜索や復旧が進まない状態が続いた。

それでも3月29日には、市内の別の小学校で今年度最後の登校集会を開いた。生存が確認された34人中、出席したのは28人。本来ならそばにいるはずの友達がいない。児童らは久しぶりの再会を喜ぶ一方、卒業式や修了式も行えず、心に重い不安を抱えたまま、この日を迎えた。

「友達の数が少なくなってしまったね」

柏葉照幸校長（57）によると、校長のこの言葉を児童らは一様に寂しげに聞いていたという。「冥福を祈って黙祷（もくとう）をささげましょう」との呼び掛けにそろって黙祷した後、柏葉校長は、不安そうな表情を浮かべる児童らに語り掛けた。

「たくさんの友達が亡くなったり、行方不明になったりしていますが、いまこの皆で力を合わせ、また笑顔がいっぱいの学校をつくっていきましょう」

児童らは「はい」と返事をしたが、震災前の元気さはなかったという。集会は約20分間。終了後には、久しぶりの友達との再会に「何してた?」と声をかけ、気丈にはしゃぐ児童の姿もあった。

集会は大川小から内陸側に10キロ離れ被害を免れた同市立飯野川第1小学校の教室を借りて開かれた。児童らは親に手を引かれたり、車に乗せられたりしてぽつりぽつりと登校。職員の「おはよう」との声にも応えず、硬い表情でまっすぐ校舎内に入る親子もいたが、女児の一人は玄関で友達の顔を見つけると、友達の名前を叫んで「よかっ

捜索隊が見つけた泥だらけのランドセル。持ち主の子供は今どうしているのか＝22日

廃材で埋めつくされた校舎の1階。天井ににじむ汚れが、津波の猛威を想像させる＝22日（パノラマ撮影）

土砂の中から見つかった写真。親たちは一枚一枚確かめながら、わが子の姿を探していた＝22日

壁に掲げられた校歌は文字板が落ちてしまった＝22日

た！」と抱きついた。

柏葉校長は「どんな形でも卒業式をやってあげたい」としていたが、6年生21人中、生存が確かめられたのはわずか5人という現実に、死亡した生徒や父母の心境をおもんぱかって式をとりやめた。

校長は出席した6年生に「卒業証書が渡せる日がくればいいね」と声を掛けた。ただ、卒業証書を収めていた金庫も見つかっておらず、実現のめどは立たない。学校を不在にしていて助かった柏葉校長のほかに生存が確認された教諭は1人だけ。その教諭も自宅療養が続いた。

柏葉校長は「児童の顔を見て、明るさもあって安心しました」としながらも「子供たちは心に重いものがのしかかっている。心のケアをしながら乗り越えさせたい」と語る。

市では、4月下旬に新学期の始業を予定しているが、大川小は復旧の見通しもなく、第1小の教室を借りるという。第1小の父母らが大川小の児童のためにランドセルを集めるなどの協力も進めている。

校庭には多くの土砂やがれきが山積みになっていた。津波は一瞬にして学校をのみこんだ＝22日

校庭には誰かが手向けた花束が置かれていた＝22日

教室からみえる校庭もすっかり景色が変わってしまった＝21日

図工室にも大量の土砂や廃材が流れ込んでいた＝21日

「雨ニモマケズ、風ニモマケズ」。卒業制作には宮沢賢治の詩が書かれていた＝21日

わが子の遺留品を見つけ、引き取っていく親。すべてが大切な想い出の品だ＝22日

流木に腰かけて、校舎をながめる被災者。校庭を遊ぶ子供たちの姿も今はない＝21日

一体何が起きたのか
―地震・津波発生のメカニズム

50ｍ級の巨大津波か

戦後最大の被害を起こした地震の特徴や津波の発生状況について、巨大災害、都市災害、総合減災システムなどで、政府の中央防災会議の委員などを歴任する関西大社会安全学部長、河田恵昭教授（65）に聞いた。

―今回の地震の特徴は

特徴はふたつ。ひとつは地震がこれまで起きなかった空白域から破壊が始まり、思いもよらず広範囲に地震が広がったこと。もうひとつは巨大なエネルギーにより、沿岸部の被災地ほぼ全域で地盤沈下が起きたことだ。過去の三陸沖地震では地盤沈下は起きていない。

―巨大なエネルギーは大津波の原因にもなった

映像で見る限り地震動による建物被害は大きくなさそうだ。津波の高さは10メートルの堤防を軽々越えた。津波は10〜20メートルとかいわれているが、被害状況をみているとそんなレベルではないだろう。地震のエネルギーから考えると、明治29（1896）年の明治三陸沖大津波（M8・5、死者2万2000人）の4倍以上のエネルギーだから、今回の津波の最高到達点は海抜約50メートルぐらいの所があったのではないか。

―全国的に地震被害想定を見直す必要があるか

被害想定を小さく見積もっていた所の対策の見直しや、沿岸部の住宅地の後背地への移転など抜本的な改善が必要だろう。災害対策基本法を抜本的に見直し、国の責任を明確にすることが必要だ。包括的な政策をとるために、各省庁横断的な災害対策庁（仮称）の設置なども議論されていい時期だろう。

4つの震源域が同時崩壊

東日本大震災は太平洋岸を中心に広範囲に壊滅的な津波被害をもたらした。専門家は「想定外の広い範囲で震源域が連動した」と指摘、マグニチュード（M）9.0の超巨大地震が、12日未明の長野県北部などの内陸地震を誘発した可能性も否

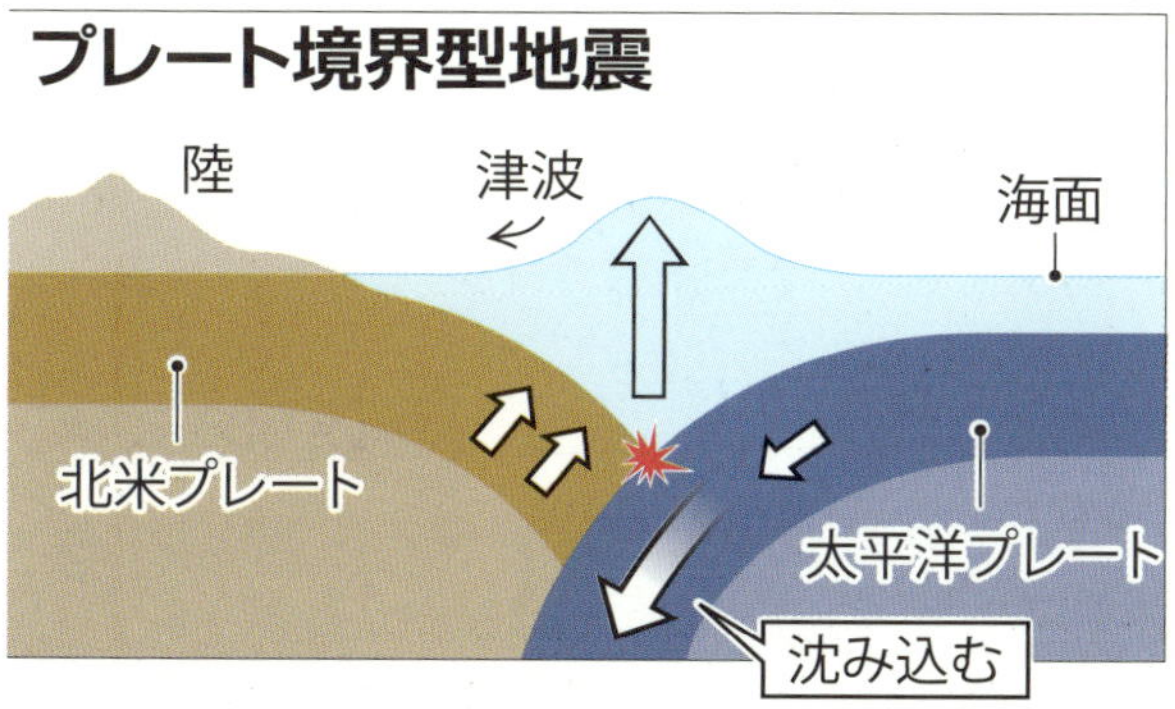

定できないという。専門家の分析からは、さまざまな被害が連鎖的に起こる「複合災害」の様相が浮かぶ。

政府の地震調査委員会（委員長・阿部勝征東京大名誉教授）は発生直後の11日夜、今回の地震について、「宮城県沖」「三陸沖南部海溝寄り」「福島県沖」「茨城県沖」の4つの震源域が連動して発生したとする評価をまとめた。阿部名誉教授は「連動したことで超巨大地震になった。東海、東南海、南海地震の連動は検討してきたが、東北地方では想定できなかった」と語る。

東北・太平洋沿岸地震の震源地がある三陸沖では、これまでも日本列島が乗る陸側のプレート（岩板）の下に、海側の太平洋プレートが沈み込み、2つのプレートの境界付近で海溝型の大地震を繰り返してきた。東北地方の太平洋プレートは年間約8～10センチの速度で陸側へ移動しており、沖合約200キロにある日本海溝から、陸側の北米プレートの下へ沈み込む。2つのプレート境界に蓄積されたひずみが限界に達すると、境界部分が壊れて大地震が起きる。今回の地震もこの仕組みで発生し、メカニズムは地盤が東西に圧縮される逆断層型だった。

この仕組みは、フィリピン海プレートの沈み込みで起きる東海地震や南海地震と基本的に同じだ。ただ、プレートの移動速度は太平洋プレートの方が約2倍速いため、比較的短期間で地震を繰り返す。

地震発生2日前の9日にはほぼ同じ場所でM7・3の地震が発生した。阿部名誉教授は「2月にもM5クラスの地震が4回起きた。これらが前震かどうかは分からないが、前触れだったようにも思える。私たちの理解はそこまでいかなかった」と悔しさをにじませる。

発生から半日後の12日未明には、内陸の新潟・長野県を中心に最大震度6強、6弱を記録する強い地震が相次いで発生した。震源が離れ、発生メカニズムも異なる。気象庁は「詳しいメカニズムは分からないが、東北沖の地震で地殻内の応力場に変化が起こり、内陸地震を誘発した可能性は否定できない」と説明する。

震源の海底24m移動

衛星利用測位システム（GPS）や海底に設置した基準局での観測の結果、東日本大震災の震源（宮城県・牡鹿半島沖約130キロ）のほぼ真上の海底が、地震前と比べて約24メートル移動していることが海上保安庁の調査で判明した。震源付近の海底の動きが明らかになったのは初めてで、国土地理院が測定した陸上の最大移動距離（牡鹿半島で約5・3メートル）の4倍以上に相当するという。

海保は、地震観測のために全国16カ所の海底に海底基準局（高さ約1メートル、直径約80センチ）を設置。GPS衛星の電波計測と、船から音波を出して反響で距離を計測する方式を組み合わせて、海底の地殻変動を計測している。

3月28、29の両日に測量船を使って北米プレート上の水深約1100～1700メートルに設置された、震源付近にある3つの海底基準局から得られた地震前後の移動距離のデータを解析した。

この結果、同11日に発生したM9・0の地震やその後の余震活動の影響で、震源のほぼ真上に位置する宮城県沖の基準点が、地震前の2月21日に観測したときと比べて東南東に約24メートル移動し、約3メートル隆起していたことが判明した。震源の約40キロ西側に位置する基準点では東南東に約15メートル移動し約60センチ沈降。福島沖の基準点でも東南東に約5メートル移動していた。

想定を超える巨大津波が町をのみこんだ＝13日、仙台空港

わが身顧みず
—任務全う

自衛隊員のメール

地震に津波の被害が重なった大震災。遺体収容も自衛隊の重要な任務のひとつだ。わが身を顧みず、実績を声高に誇ることもなく、黙して語らぬ思いと労苦。隊員同士はこんなメールのやりとりをしていた。

《海には数メートルおきにご遺体が浮いている》《幼い亡骸を目にすると、わが子とダブってたまらない》…。

日常的に遺体を扱う警察官と違い、慣れているわけではない。とりわけ、海に流された遺体と対面するのはつらい作業だという。

《流木にはさまれ、両手をあげていた。最後まで救助を信じていたように…》

炊き出しで温かい汁ものの食事を被災者に提供しても、隊員が口にするのは冷たいものばかりだ。わずかな休憩時間に狭いトラックの中で膝詰めになり、冷えたままの缶詰の食料を口に運ぶ。

《被災地に来て12日目。風呂はまだ1回しか入れていない》《毎日、乾パンや缶メシと水だけ》

身内に被害が出た隊員も被災者支援を続ける。

《自宅が全壊、家族も行方不明という隊員が普通に働いている。かけてあげる言葉がみつからない》

発生から1週間。捜索の手は休めない＝18日、岩手県宮古市

卒業式が行われた志津川小では、隊員が子供たちにお祝いのおしるこを振る舞った＝28日、宮城県南三陸町

女の子たちは、避難所を守る隊員に笑顔でカメラを向けた＝29日、岩手県陸前高田市

温かい食事は被災者に。隊員たちは冷たい缶詰の食事だった(陸上自衛隊提供)

孤立した住居から救助された男性は、自衛隊員に背負われて避難した＝12日、宮城県気仙沼市

重機が入れないため手作業での捜索活動が続いた＝16日、宮城県山元町

行方不明者を捜すため、隊員たちは雪の積もった屋根を手でひっくり返していた＝16日、岩手県宮古市

宮城県多賀城市の多賀城駐屯地では整然と並んだ陸自車両のタイヤが水に埋まった。車体には「災害派遣」の垂れ幕。3月11日の地震発生を受け、出動しようとしたところを津波にのまれたのだ。いかに迅速に出動態勢をとるか。そんな訓練が徹底されている証しでもある。

米軍支援も引き出した

大規模支援を買って出た米軍を鼓舞させたのも、そんな自衛隊員の姿だった。

《米軍は初めは様子見だったが、自衛隊が命をかけて任務を遂行するさまを見て本気になった》

東京電力福島第1原子力発電所では被曝の恐怖に臆することもない。17日からの放水活動の口火を切ったのも自衛隊だった。直後に米軍が放射能被害管理などを専門とする部隊約450人の派遣準備に入ったと表明したのは、米側が自衛隊の「本気度」を確信したからだといわれる。

ある隊員からこんなメールが届いた。

《自衛隊にしかできないなら、危険を冒してでも黙々とやる》《国民を守る最後の砦。それが、われわれの思いだ》

きょうも自衛隊員は被災者のそばにいる。

行方不明の捜索は、ガレキの山を一つずつ手で取り除きながら行われた＝27日、宮城県気仙沼市

部隊は派遣準備の直後に津波に襲われ、身動きがとれなくなった＝11日、宮城県多賀城市（陸上自衛隊提供）

震災発生から9日後に救出された男性をヘリで搬送する救助隊員＝20日、宮城県石巻市

隊員たちはがれきの中で発見した遺体を丁重に運び出した＝26日、宮城県気仙沼市

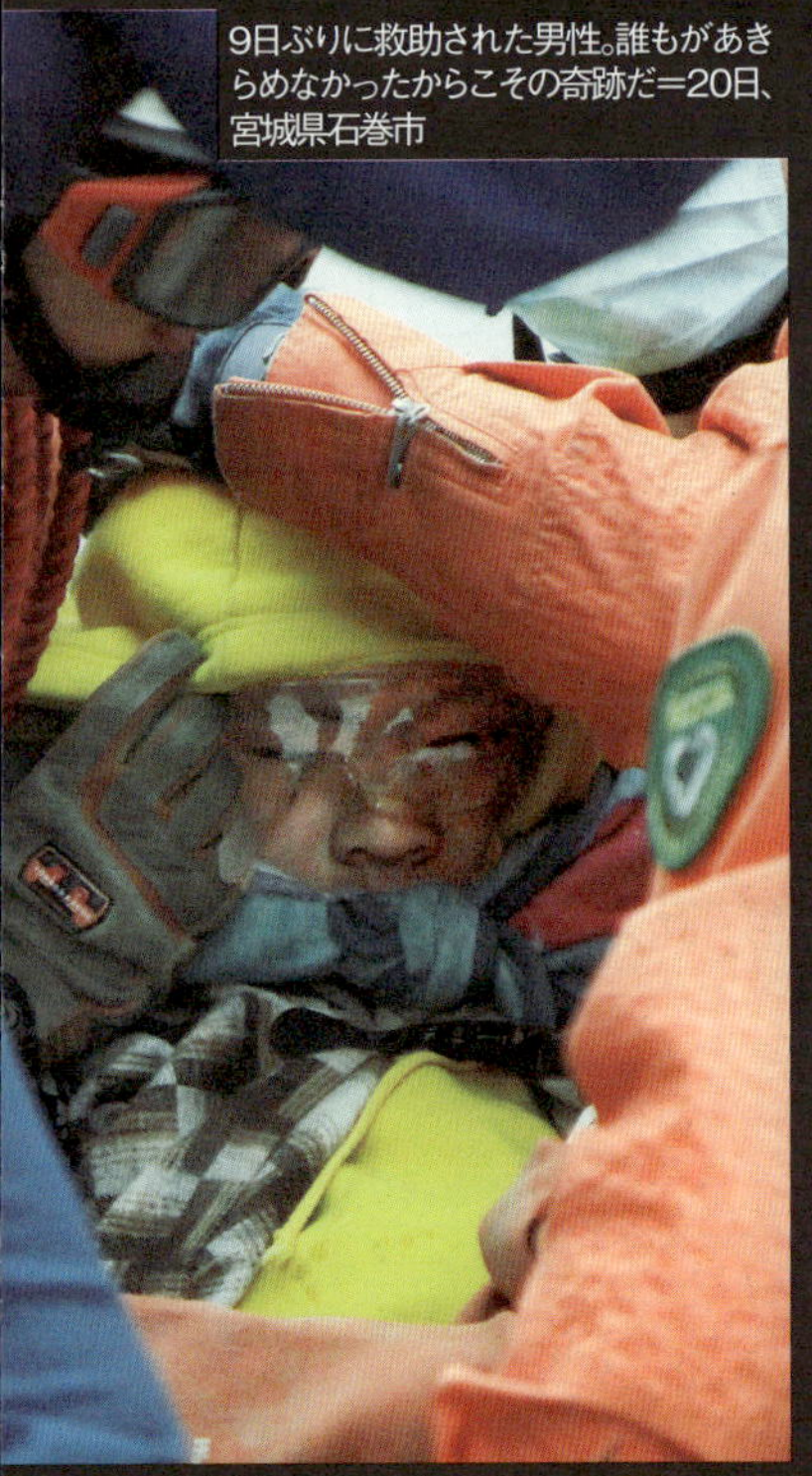

9日ぶりに救助された男性。誰もがあきらめなかったからこその奇跡だ＝20日、宮城県石巻市

被害の大きい地域では救助犬による捜索も＝21日、仙台市若林区

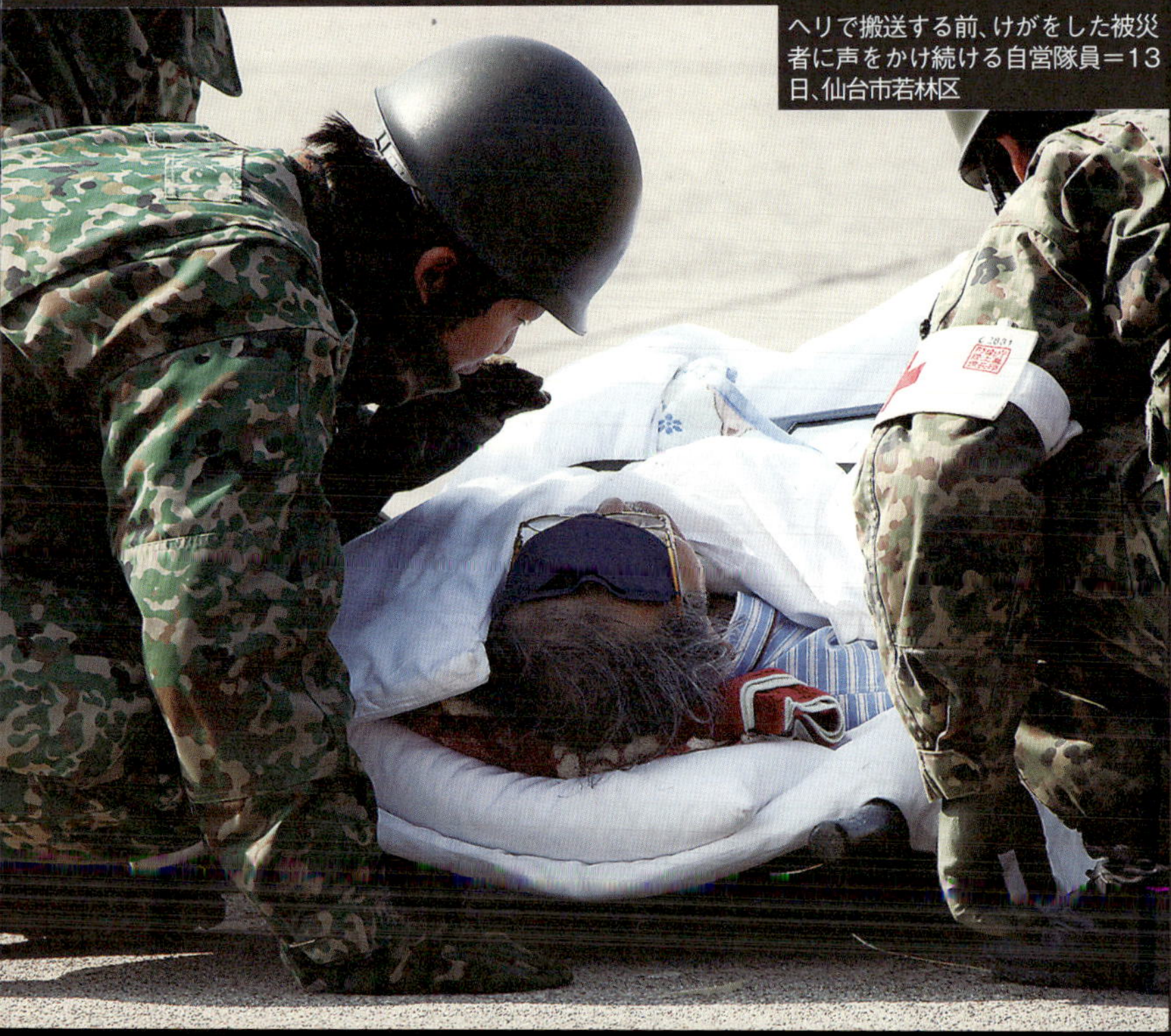

ヘリで搬送する前、けがをした被災者に声をかけ続ける自営隊員＝13日、仙台市若林区

泥だらけ遺体「少しでもきれいに」

「遺体を自分の家族に置き換えていた」。大震災で津波に襲われ、原発事故で屋内退避地域となった福島県南相馬市。検視のため現地に派遣されたある警察本部の40代の警部補が、遺体と向き合った1週間を振り返った。

警部補が南相馬市に入ったのは地震発生2日後。5府県警の計160人が10人ずつのチームをつくり、東京電力福島原発から約20キロの高校体育館で検視を続けた。

最初の遺体を見て絶句した。泥で真っ黒になった顔。体は傷だらけ。次々と運ばれてくる遺体に、番号札を付ける。抱っこひもをした女性もいたが、抱いていたはずの赤ちゃんはいない。

数々の事件現場を経験したが、災害の巨大さに、やるせない感情が押し寄せてきた。

消防車の高圧放水で泥を流して服を脱がせ、1体ずつバケツの水で手洗いする。「少しでもきれいにして家族に返したかった。みんなが遺体を自分の家族に置き換えていた」。どの警察官も同じ思いだった。

死因は溺死がほとんど。遺体の胸を押して、口から水が出るのを確認した。身元不明遺体は指紋を採り、DNA鑑定のために血液や爪を採取した。

一方、余震や原発事故の影響で、検視作業は度々、中断させられた。「放射線の状況は何も分からない。余震もあり、正直怖かった」。それでも、誰も帰りたいとは口にしなかった。

妻からは「一人でも多くの人を家族の元に帰してあげてね」とメールが届いた。

警部補のチームは1週間で約50体を検視したが「何もできなかった」と無力感にさいなまれた。任務を終えた帰りの道中、南相馬市は雪が積もっていた。

「この下にはまだ千人以上の人が眠っている。また、助けにくるから」。そう誓わずにはいられなかった。

発見された遺体に手を合わせる隊員たち（陸上自衛隊提供）

足場の悪い中、遺体の収容作業も困難を極める＝15日、宮城県南三陸町

視界50センチ　手探りの「海猿」たち

行方不明者約の多くは津波で海に流されたとみられ、震災直後から「海猿」で知られる海上保安庁の「特殊救難隊」が捜索を続けている。土砂で視界50センチの手探りの捜索、海上を埋め尽くす膨大ながれき、遺体が浮かびにくいリアス式海岸。多くの悪条件が潜水士の前に立ちはだかっている。

海保は震災発生と同時に全国の管区の船艇、航空機を結集。15～16日には、福島県相馬市の港で座礁中の船からそれぞれ船員23人を救助するなど、救助活動に集中してきた。それでも約2週間で救助したのは、一つの管区の年間救助者数に匹敵する324人。海保幹部は「被害の母数から見ると極端に少ないかもしれない」と話す。生存者の発見が減るのに伴い、水や食糧の輸送支援とともに海中の遺体の捜索に全力をあげている。

全国から高い潜水技術を誇る「特殊救難隊」を含む数十人の潜水士を投入しているが、海での捜索を困難にしているのは、潜水士にとって最悪ともいえる海中の状況だ。一條正浩・海上保安報道官は「津波で流出した土砂で海水が濁り、視界50センチでの捜索活動になっている。一つ一つ手で触れて確認するしかない」と説明する。

加えて、港湾内には押し流された大量のがれきがびっしりと海面を埋め尽くしている。さらに水深が深いリアス式海岸ではいったん深く沈んだ遺体が再び浮き上がるまでに時間がかかるとみられる。ダイバーの民間団体が捜索の協力を申し出たが、あまりの危険性に海保側は断ったという。

男性は福島県沖の洋上を流されているところを海上自衛隊に救助された＝13日（海上自衛隊提供）

がれきが漂う海での捜索活動＝宮城県石巻市（海上保安庁提供）

辺り一面に広がるがれきの山に、捜索も困難を極める＝13日、岩手県陸前高田市

手作業の警察官と、重機を使う自衛隊員の連携で捜索が進む＝29日、宮城県石巻市

24歳巡査「人のために」

東日本大震災で殉職した警察官は17人、さらに13人が行方不明となっている。地震発生当時に大津波警報が発令され、住民に避難を呼び掛けている際、津波に飲まれた人がほとんどだ。

宮城県警岩沼署の八島裕樹巡査（24）もその一人だった。警察官になってわずか2年の若すぎる死。「起きろ。迎えにきたぞ」。父、良隆さん（50）が遺体安置室で呼び掛けた。傍らで母、美津子さん（52）は、ただ泣くばかりだった。

勤務する岩沼署は、仙台市の南で太平洋に面する名取、岩沼両市を管轄する。パトカーで住民に避難を呼び掛けている最中、濁流にのみ込まれ、遺体は15日になってから、署の北東約5キロ離れた仙台空港近くで見つかった。

「人のためになりたい、地域で人と接する仕事をしたい」と警察官を志願した。疲れた様子で帰ってきても、両親には「ハードだけどやりがいがある。市民がほっとしてくれたり、安心したりしてくれるのがうれしい」と話していたという。

岩沼署では八島巡査を含む6人の署員が行方不明になった。「住民の救助に没頭しているに違いない」と美津子さんは信じた。

被災地では、昼夜を問わない捜索活動が続いた＝15日、宮城県気仙沼市

降りしきる雪の中、岩手県大槌町では、大阪府の緊急消防援助隊が救助活動にあたった＝17日

がれきの中から遺体を収容する警察官ら＝16日、岩手県陸前高田市

廃材をかき分けながら、行方不明者の捜索にあたる消防団員。自ら被災した団員も多かった＝13日、岩手県陸前高田市

医療支援も重要な任務だ＝19日、岩手県宮古市（陸上自衛隊提供）

海上自衛隊の輸送艦「おおすみ」から、輸送用のホバークラフトで灯油や簡易トイレが届けられた＝20日、宮城県石巻市

巨大な山のようになった廃材の中で捜索活動は続いた＝21日、岩手県大槌町

崩れた家の屋根から、行方不明者を捜す自衛隊員＝17日、宮城県名取市

「避難して」最後まで放送

「殉職」したのは、警察官ばかりではない。宮城県南三陸町役場で防災放送の担当職員だった遠藤未希さん(24)。いまだ安否が分からない。「しっかり頑張ったね。でも、何も命を張ってまで…」。いたわりと無念さに揺れる母親。秋に結婚式を控え、準備を進めていた。

「ないよね」。避難所に張り出された身元不明者、死亡者の特徴を書いた紙を指で追いながら、母親の美恵子さん(53)がつぶやいた。震災から2週間以上が経過し、更新される情報も日に日に少なくなっていく。

3階建ての防災対策庁舎は津波にのまれ、赤い鉄筋だけが無残に立ち尽くす。11日、未希さんは2階で放送していた。「6メートルの津波が来ます。避難してください」。冷静で聞き取りやすい呼び掛けが何度も繰り返された。海岸にいた両親にもその声は届いた。

庁舎に残った職員約30人のうち、助かったのは10人。高台の高校に避難した人からも波にさらわれる職員の姿が見えた。未希さんは勤続4年目の昨年4月、危機管理課に配属された。7月に婚姻届を出し、今年9月の披露宴に向け楽しそうに準備していた。景勝地・松島のホテルを早々と予約し、昨年12月、初めて衣装合わせをしてみた。「3月にはウエディングドレスの新作が出るの。お母さん一緒に見に行こうね」。そう約束していた。

美恵子さんは「放送が途中で切れた」と知人に聞かされた。最後の方は声が震えていたという。

骨組みだけになった南三陸町の防災対策庁舎＝14日

トモダチ作戦

被災地や沖合で、「オペレーション・トモダチ（トモダチ作戦）」と名付けた救援活動を展開している在日米軍。「友」と日本語で刺繍されたワッペンを身につけた隊員は「作戦を誇りに思う」と胸を張る。

輸送機に積み込まれる被災地向けの飲料水。多くの救援物資が米軍の手で運ばれた＝26日、米軍横田基地

仙台空港では、一日も早い復旧を目指して、米兵ががれきを撤去していた＝25日（ロイター）

作戦に参加する米兵の腕には、「友」「がんばろう日本」の文字のワッペンが張られていた＝26日、米軍三沢基地

被災地に向かう準備をする上陸艇。重機などを運び、復旧活動にあたった＝4月1日、三陸沖（米海軍提供）

海自隊員と協力して救援物資の運搬にあたる米兵＝13日、仙台沖（AP）

石巻工業高校では、米兵が生徒と一緒に体育館に流れ込んだ泥を洗い流した＝30日、宮城県石巻市

同盟力発揮の真価

米政府は持てる能力を日本側にフルに提供する姿勢を見せている。それを後押ししているのは、最高司令官のオバマ大統領だ。

対応は素早かった。

地震発生から5時間20分後の11日早朝には、「日米の友情と同盟は揺るぎない」との声明を発表。昼の記者会見では「日本には個人的なつながりを深く感じており、悲痛な思いだ」と心情を吐露し、その後何度も日本の災害に言及し、日本を励ました。

世界各国で突出した米国の日本支援は、むろん人道的な側面だけではない。東アジア地域で、自由と民主主義という共通の価値観を持つ日本の復活が、地域の平和と安定に不可欠との認識がある。オバマ大統領が震災後、何度も日米同盟を強調するのはその証左だ。

米軍と自衛隊が一体となった救援活動を「有事で日米が同盟力をいかに発揮するのか、国際社会が注視している」（陸自幹部）のも事実だ。日本が米国の同盟国として汗を流した実績も米国を突き動かしている。

アフガン戦争ではインド洋で補給活動をし、イラク戦争では、どの国よりも早く「支持」を表明し、自衛隊をイラクに派遣。このとき、小泉純一郎首相（当時）はくしくも「有事に頼れるのは米国だけだから支持する」と語っている。

元国防次官補のジョセフ・ナイ米ハーバード大特別功労教授は「友人である同盟国日本への心配と、悲劇から立ち上がる日本人の力をたたえる気持ちから米国は支援している」と語った。

気仙沼大島での救援活動を終えて、揚陸艦「エセックス」の艦内ドックに戻った上陸艇＝27日、三陸沖

重機を使って、仙台空港のがれきを撤去する米兵＝24日

作戦に参加する航空機のコクピットでは、入念な確認が行われた＝26日、米軍三沢基地

被災地への救援に向かう米軍の揚陸艦「エセックス」のブリッジ＝27日、三陸沖

仙台空港では、自衛隊員と米兵が協力して救援物資の水をトラックに積み込んでいた＝24日

精鋭部隊 パラシュート投下

津波被害で早期再開は困難と思われた仙台空港。在日米軍の力で被災5日後の16日にはメーン滑走路を使って空輸を開始できるまでになり、被災地への物資輸送の拠点となった。日米共同調整所仙台空港現地調整所長の笠松誠1等陸佐は「米軍が早い時期に空港に重機を持ち込んで整備してくれた。感謝している」。米海兵隊のクレイグ・コゼニスキー大佐は「復旧のため、日米合同で作業を続けたい」としている。

仙台空港は津波に流された車両が山積みになっていた＝17日

在日米軍は横田基地（東京）や嘉手納基地（沖縄）などから214人の兵士を集め、自衛隊員らとともに、滑走路のがれき撤去に取りかかった。フォークリフトなどの重機も持ち込み、津波で流されてきた乗用車を撤去。必死の作業でメーン滑走路を確保し、16日から離着陸が可能になった。

一部の兵士と装甲車は空から投下されたが、この部隊は夜間や悪天候をついてひそかに敵の背後にパラシュート降下するのを得意とし、アフガニスタン戦争も経験した精鋭部隊の本領発揮だったという。

世界各国、地域が日本に寄せた主な支援内容

米国	米軍：約1万8000人。 艦船20隻、航空機140機。物資運搬230トン 6万人分以上の食事・飲料水輸送 国際開発局(USAID)：救助隊144人、救助犬12匹、ボート、ベッド、寝袋など物資提供約14万5000ドル(約1170万円)相当。 原発事故：専門家39人派遣。無人偵察機グローバルホーク、U2偵察機。 防護服1万着。放射能被害管理の専門部隊約450人派遣準備
中国	救助隊15人。救援物資3000万元(約3億7000万円)分決定。ガソリン1万トン、重油1万トン無償援助発表
韓国	救助隊107人。原子炉内の核分裂を抑制するホウ酸約53トン
ロシア	救助隊161人。毛布約1万7000枚と飲料水。液化天然ガス(ＬＮＧ)供給増
台湾	救助隊28人。緊急援助1億台湾元(約2億8000万円)表明
モンゴル	救助隊12人。義援金100万ドル(約8100万円)
インドネシア	援助隊15人。義援金200万ドル(約1億6200万円)表明
シンガポール	毛布4350枚、マットレス200枚、飲料水2万本、義援金50万シンガポールドル(約3200万円)
タイ	日本救援予算2億バーツ(約5億3400万円)決定。毛布2万枚。 義援金500万バーツ(約1340万円)
ベトナム	義援金20万ドル(約1620万円)
ラオス	義援金10万ドル(約810万円)
ミャンマー	義援金10万ドル(約810万円)
インド	毛布2万5千枚、飲料水1万本
パキスタン	ビスケット13.5トン、粉ミルク9トン、飲料水1.5トンなど
ブータン	ワンチュク国王義援金100万ドル(約8100万円)寄付
豪州	救助隊75人と救助犬2匹。 義援金1000万豪ドル(約8億円)表明
ニュージーランド	救助隊52人
トルコ	救助隊32人
南アフリカ	救助隊45人
メキシコ	救助隊12人、救助犬6匹
ブラジル	義援金50万ドル(約4000万円)表明
ペルー	震災発生1週間の18日を国民服喪の日と定める大統領令
欧州連合(EU)	毛布2万5000枚、マットレス2000枚寝袋300枚など物資70トン
英国	救助隊69人、救助犬2匹
フランス	救助隊134人。原発事故対応にホウ酸100トンと放射能の防護服1万着
ドイツ	救助隊41人と救助犬3匹
スイス	救助隊27人と救助犬9匹
カナダ	毛布約2万5000枚
ウクライナ	毛布2000枚
キルギス	飲料水約2.5トン

※各国の報道、大使館および日本外務省の情報をもとに作成

がれき撤去作業を終え、引き上げる米兵に住民たちが握手を求めた＝4月6日、宮城県気仙沼市

がれきの中を捜索する英国の救助隊＝15日、岩手県大船渡市(AP)

中国のレスキュー隊も駆け付けた＝15日、岩手県大船渡市

海外の医療チームも被災者の診療にあたった＝29日、宮城県南三陸町

各国の首脳も相次いで追悼の意を表した（左上の写真はロイター）

日本支援を表明したオバマ米大統領（12日、ロイター）

世界は日本をどうみたか

―激励、称賛、そして不信感

日本の被災者に対する各国からの激励の言葉、救援物資、義援金など、やまない支援の広がりは、各国に日本国民の美徳、世界における日本の重要性を再認識させる機会となった。

「中国の方々の温かさを感じている」。泉裕泰上海総領事はしみじみと話す。震災直後から、上海総領事館には義援金の申し出や激励の手紙、花などが続々寄せられた。日本政府として過去中国でこうした支援を受け取った例はなかったが、16日から受け付けを始めたところ1億円を超す義援金が一週間ほどで集まった。

上海の中学生有志10人はたどたどしい日本語で「わたしたちは頑張りましょう」と書いた手紙とともに、1388元（約1万7千円）を持ち込んだ。反日感情が根強い南京の元日本留学生の代表からも「申し出が早速あった」と泉総領事は明かす。

「こんなに優しい国民とは思わなかった」。海外で暮らす日本人の多くは、現地の人々から受けた気遣いに驚きを隠せない。「海外の人々が大災害に遭ったとき、同じ言葉をかけてきただろうか」。あるパリ在住日本人は自問した。

各国の支援は、海外の被災地での日本の地道な救援活動や途上国への開発支援で「受けた恩に報いたい」（中国メディア）という思いもこめられている。このことは、大地震を経験した中国や台湾、ニュージーランドの指導者たちが今回、日本に送った言葉ににじみ出ている。

各国の報道も、被災者への同情と応援の言葉で満ちあふれて

米ニューヨークでも多くの人が犠牲者の死を悼んだ（18日、AP）

ロサンゼルスのリトルトーキョーで営まれた追悼式典（17日）

ろうそくを灯して祈るインドの子供たち（11日、ロイター）

バンコクではゾウが募金に一役買った（22日）

パキスタンでは「ガンバレ日本！」の横断幕で行進（[illegible]日）

各国・地域首脳らの日本へのメッセージ

米　国　オバマ大統領
「自分が愛する人を失ったらどう思うだろうと考える」（11日、記者会見）
「日本は親友であり同盟国だ。復興のためにわれわれができる支援は何でも行う」（14日、ワシントン郊外で）
「国際的な悲劇で、胸が張り裂ける思いだ」（14日、デンマークのラスムセン首相との会談）
「日本の人が最も(協力を)必要としているときに、われわれは彼らとともに居続ける」（19日、国民向けビデオ演説）

中　国　胡錦濤国家主席
「日本が必ず困難を克服し、再建できると信じている」（18日、日本大使との会談）

中　国　温家宝首相
「中国も地震の多発国だ。自分たちのことのように考えている」（14日、記者会見）

韓　国　李明博大統領
「最も近い隣国の韓国は日本とともにある」（18日、日本大使館初訪問で）
「災難に対処する日本国民の市民意識の高さ、メディアの冷静な報道姿勢には、学ぶべきことがある」（21日、ラジオ演説）

ロシア　メドベージェフ大統領
「報道を見て胸が痛んだ。心からのお悔やみを伝えてほしい」（11日、菅直人首相あての見舞い電）

ロシア　プーチン首相
「われわれのパートナーが必要とする援助を行う用意がある」（19日、サハリンで）

台　湾　馬英九総統
「日本人の我慢強い冷静沈着な行動を見て感動した」（18日、義援金募集会場で）

台　湾　李登輝元総統
「刃物で切り裂かれるような心の痛みを感じている」（11日、ネットを通じて）

フィリピン　アキノ大統領
「犠牲となった人々に心から哀悼の意を表する」（17日、日本大使公邸で）

インドネシア　マルティ外相
「わが国も何度か自然災害に見舞われており、日本が現在経験している痛みと困難も一層共感できる」（16日）

シンガポール　リー・シェンロン首相
「時間はかかっても不屈の精神と立ち上がる力、団結力、自制心をもって(復興を)成し遂げると確信する」（19日、日本大使館で）

タ　イ　プミポン国王夫妻
「甚大な被害を深く悲しんでいる両陛下とすべての日本国民に心からの弔意を表す」（12日、天皇・皇后両陛下へのメッセージ）

ベトナム　グエン・ミン・チェット国家主席
「日本国民が震災を早期に乗り越えると信じている」（天皇陛下へのお見舞いの言葉）

インド　シン首相
「インドは日本の最大のODA(政府開発援助)の受給国であることを忘れてはならない」（14日、議会演説）

アフガニスタン　カンダハル市のハミディ市長
「日本はこれまで多額の支援をしてくれた。(義援金は)大した額ではないが、せめてもの助けになれば」（14日、産経新聞に）

バングラデシュ　ハシナ首相
「独立以来、両国の絆は固い。日本のために全力を尽くす」（13日、救助隊派遣表明で）

北朝鮮　金永南・最高人民会議委員長
「朝鮮総連中央常任委と被害地域の総連幹部と同胞、遺族に深い哀悼の意を送る」（朝鮮総連への見舞い電）

豪州　ギラード首相
「難局に立つ日本を支える」（声明）

ニュージーランド　キー首相
「友人である日本国民のために、今度は私たちが必要なあらゆる支援を提供する」（12日、救助隊派遣を前に）

パレスチナ自治政府　ワリード・シアム駐日代表
「現在ガザが攻撃されているが、その最中でも日本人への支援を忘れずにいる」（11日、日本政府に）

メキシコ　カルデロン大統領
「大震災に苦しむ日本の人々に深い哀悼の気持ちを送る」（ツイッターで）

欧州連合(EU)　ファンロンパイ大統領
「日本の国民が力を合わせ、互いに支え合っていることに称賛の意を表明したい」（22日、菅首相との電話会談）

英　国　エリザベス女王
「多くの方が亡くなられたことを悲しんでいます」（11日の天皇陛下に送ったメッセージ）

英　国　キャメロン首相
「原発で働く人たちや緊急援助隊は、日本が復興できるという精神力を見せている」（22日、日本大使館で）

フランス　サルコジ大統領
「日本国民の例外的な勇気と尊厳に敬意を表したい」（18日、菅首相との電話会談）

ドイツ　メルケル首相
「日本国民が危機を乗り越えることを祈り、ドイツの支援を確約する」（17日、日本大使館で）
「日本は1人でない」（同日、議会演説）

ローマ法王庁
「法王ベネディクト16世が、悲劇に深く心を痛めている」（11日、日本カトリック司教協議会に送った見舞い電）

震災後、外国の首脳としては初めて訪日したサルコジ仏大統領は、主要国(G8)の首脳会合の議長として全面支援を表明した（31日）

いた。「行列では老人、子供を優先させて最後に一般の人々が続き、けんかや争いもない」（台湾紙・聯合報社説）など、称賛の声がほとんどだ。

「日韓関係は新たな次元に入るかもしれない」。武藤正敏駐韓大使は、「がんばれ日本」キャンペーンを展開する韓国メディアの関係者からこう聞かされ、韓国社会の対日観に変化の兆しを感じている。

無論、外交的な配慮も大きい。北京の外交筋によると、中国当局には、尖閣諸島沖での漁船衝突事件後の強硬的な対抗措置が国際社会における中国のイメージまで低下させ、「やりすぎだった」との反省の声があるという。

中国はいち早く救助隊を被災地入りさせた。「全力で日本を支援している」と訴えることで、日中双方の国民感情を改善させたい思惑がある。北方領土問題で対日関係がこじれたロシアも同様の狙いから最大級の救助隊を送り込んだ。

一方で日本政府の対応の遅れには、批判もあった。

「ひとつの必需品が不足している。情報だ」（17日付米紙ニューヨーク・タイムズ）。福島第1原発をめぐる菅政権と東京電力の混乱に世界が抱いた不信感はなお払拭されていない。

「薄氷を踏む思いだった」。米国への原発事故情報の提供に携わった外交官は、情報不足への不満が日米関係の再緊張に転じかねない状況だったと明かす。

震災を機に日本が再発見した世界との絆。この財産をどう生かすかは、震災被害に対する日本人の冷静な対処にかかっている。

露ウラジオストクでは若者たちが追悼集会に集まった（25日）

小学生がカイロ市内を行進し、被災者を励ました（23日）

アフガニスタンでも犠牲者を追悼する横断幕がみられた（14日）

米大リーグでもチャリティーグッズが販売された（24日）

愛する人との別れに涙が止まらない。震災は多くの別れを生んだ＝25日、宮城県気仙沼市

空き地に置かれたままの遺体に寄り添う女性＝12日、福島県南相馬市

鎮魂
―死者不明2万7千人の意味

「当たり前」が、幸せだった

避難所の掲示板に残された短い伝言に、年老いた両親の死を覚悟した。

岩手県大槌町の主婦、松原省子さん（62）は、両親と同居する義妹（57）がノートの切れ端に書いたメモを読み、涙がこぼれた。

《釜石の友達の家に避難します。おじいちゃん、おばあちゃんの手を引いて一緒に避難しようとしたが、途中で2人は歩けなくなって、すぐ後ろに波がきて》

文章はそこで終わっていたが、すべてが察せられた。あの日、92歳の父と85歳の母は太平洋沿岸の自宅にいた。義妹とその長女は近くのショッピングセンターで買い物をしていたという。

午後2時46分。

義妹は、やがてくる大津波から避難する人々の流れに逆らうように車を海の方向へ走らせ、自宅にいた両親を連れ出した。だが、2人とも足が不自由だった。

松原さんは「私の想像ですが、両親は自分たちより若い嫁と孫を逃すために自ら手を離したのだと思う」と推し量る。

町役場で定年まで勤め上げた厳格な父。いつも父に寄り添っていた温和な母。最後に訪ねた10日前も、2人はちゃんちゃんこを着て、居間のこたつでテレビを見ていた。首にスカーフを巻いた母は「体に気をつけなさいね」と、還暦を過ぎた娘の体を気遣った。

松原さんはあふれる涙をこらえ、こう話した。「父が何を言ったのか覚えていない。母の言葉もひと言だけ。あまりにもふだんの会話だったから。もっと会っていろいろ話をすればよかった。当たり前に思っていたことが、身近にすぎることが、幸せなことだった」

母の遺体は自宅近くで見つかった。女性はその手を握りしめて、涙を流し続けた＝16日、岩手県陸前高田市

収容作業が進まず、遺体は道端に置かれたままだ。家族を探す人が毛布をめくって確認する＝15日、岩手県陸前高田市

安置された遺体には目印として旗が置かれた。旗は数十メートルおきに並ぶ＝16日、岩手県陸前高田市

幼い子も手を合わせて犠牲者の冥福を祈る＝22日、宮城県東松島市

避難所だった野蒜小の体育館は津波にのまれ、一瞬にして多くの人が命を失った＝14日、宮城県東松島市

長く、深く、尾を引く「喪の作業」

2万7千人を超えた東日本大震災の死者と行方不明者には、その何倍もの家族がいる。あまりに突然、肉親を失った人々がいる。

岩手県山田町の元会社員、佐々木一彦さん（70）は行方不明の妻、タヨさん（66）の手掛かりを求めて、大津波の爪痕が残るがれきの町を歩いていた。

「もうあきらめようかとも思うが、なかなか…。せめて夫婦で旅行したときの写真でも見つかってくれないか」

大震災直後、自宅の駐車場でタヨさんに「避難するぞ」と声をかけ、裏にある高さ10メートルほどの公園へ上った。だが、大津波が過ぎ、混乱する人混みの中、避難したはずのタヨさんの姿はなかった。

40年連れ添い、自身の退職後は夫婦でボランティア活動をした。暖かくなると九州や北海道など各地をめぐった。面倒見のよいタヨさんは、親族が集まると自慢の手料理を振る舞った。

「あのとき忘れ物を取りに戻ったのだろうか。やはり一緒に避難すればよかった。悔やんでも悔やみきれない。本当に申し分のない妻だった。もう会うことはできないのか」

数々の大災害、大事故で犠牲者遺族の心理過程を分析してきた精神科医で関西学院大学の野田正彰教授によれば、突然の災害で家族を失った人は、自失し、混乱し、ほとんど悲しみの感情を持てない状態が続くという。

野田教授は「しばらくしてから喪失感

震災では多くの子供が親を失った。祖母は不安そうな孫の肩をそっと抱いた＝25日、宮城県気仙沼市

安置所となった体育館で遺体と対面するお年寄り＝18日、宮城県利府町

遺体を洗うためのテントが安置所近くに設営された＝19日、宮城県利府町

遺体の収容作業を力なくじっと見つめる住民。遺体は道路脇に何体も安置されていた＝16日、岩手県陸前高田市

が強まるが、今回のような津波の場合は遺体が見つからないことも多く、喪失感はより大きくなる。遺体がないため現実感がなく、本当に家族が死んだと思えない人もいる」とし、「行方不明で何もしてあげられないとの思いが重なり、押し寄せる悲しみの中でうちひしがれる。次第に立ち直っていくものだが、いずれにせよ長く、深く、尾を引く」と説明する。

関連死を含め68人が犠牲となった平成16年10月の新潟県中越地震。小千谷市の養鯉業、星野剛さん（54）は長男の有希君＝当時（11）＝を家屋倒壊により亡くした。

星野さんは「この7年近く、一日たりとも有希のことを忘れたことはない。大自然が相手だけに気持ちの持って行き場がない。少しずつ、少しずつ、気持ちの整理をつけて立ち直るほかないと思ってやってきた」と振り返り、こう話した。

「今回被災された方々は今、途方に暮れていると思う。大変だろうが、時間と、そしてみんなの力を合わせることで、あせらず無理せずやっていってほしい。生かされた人は自分の体を大切にしてほしい」

野田教授は「生き残った者にはこれから長い『喪の作業』が待っている。そして、家族を失った人々にとってより大きな問題は、この未曽有の震災を社会がどう受け止めるかだと思う」と述べ、こう問いかけた。

「われわれの社会は今、大きな岐路に立っている。震災が突きつけたものにどう向き合い、対処するかが今後の日本の針路を決める。そうした営みこそが被災者にとっても一番の心の支えになるでしょう」

土葬しか…。

被災地では、犠牲者の土葬が進んだ。遺族の了承を得た上でいったん土葬し、後に火葬する「仮埋葬」だ。死者が日ごとに増えて火葬では間に合わない。遺体の傷みは進む。決断を迫られた遺族はむせび泣いた。震災で家族を失った悲しみに、手厚く弔ってあげられないやるせなさが追い打ちをかけた。

「お父さん、お母さん、ごめんね」

宮城県の東松島市営墓地。両親が津波に巻き込まれ亡くなった同市の岡田百合さん（48）は、土中に納められた父、二宮金寿さん（79）と母、礼子さん（72）の亡きがらを前に両手で顔を覆って泣き崩れた。

遺体の傷みが心配で土葬に同意はしていたものの、死亡届を出すと「土葬です」と告げられ、選択の余地はなかった。埋葬日を告げられたのも前日で、心の整理には時間が短すぎた。

遺体はひつぎが用意できず、自分たちで手配した白い袋に納めた。供えられたのはやっとの思いで手に入れた花だけ。写真さえなかった。「何万人が犠牲になったとはいっても、親は親。今までがんばって生きてきたのに…。これじゃあ、ちゃんと供養してあげられない」。埋葬を終えると、また涙がこぼれ落ちた。

旧リサイクル場敷地内に急遽、造成された墓地には深さ約1メートル、幅は大人が横になれるくらいの穴がいくつも掘られ、ベニヤ板と鉄筋で仕切られている。

自衛隊員が遺体の入ったひつぎや袋を車両から運び出し、穴の中に丁寧に納め、最後に整列して敬礼する。

それが何度も繰り返された。

市が用意したのは、墓標代わりの木の板と花立て。板に故人の名前は記されていない。「問

自衛隊員がひつぎを丁寧に穴の中に納めた＝22日、宮城県東松島市

市が用意した墓標には、数字だけが刻まれ、名前は記されていない＝31日、宮城県気仙沼市

遺族立ち合いのもとで犠牲者の土葬が始まった。火葬では間に合わないための「仮埋葬」だ＝22日、宮城県東松島市

に合わなかった」（同市）からだという。

香炉も遺体ごとに用意するはずだったが、火災の恐れや調達のめどが立たず断念した。敷地内にプレハブ小屋を置き、合同の焼香場を設置した。

「こんな人をバカにしたやり方あっかよ」

目の前には毛布でくるんだ上から粘着テープを巻いただけの父親の遺体が横たわる。白髪交じりの頭や黒ずんだ足が無残に露出していた。

「お願いしますって市に任せたけど、袋すらかかってねえ。何体埋めるか分かんねえけど、こんなんで始めるもんじゃねえよ」

男性はやり場のない怒りをぶちまけた。穴のそばに座り込んだ母親（64）もため息をついた。「犬や猫でも、頼めば火葬場で焼いてくれるのに…」

義弟（60）の埋葬に立ち会った千葉三枝子さん（60）は「火葬場を探したが、予約がいっぱいだった。遺体の損傷が激しく、仕方なく土葬を選んだ」と悲痛な表情。「本当はちゃんと火葬してあげたかった。悔しいし、悲しい」と声を絞り出した。

東北各県の被災地では火葬場の処理能力を大きく上回る数の遺体をどう弔うかが大きな問題になっている。尊厳を守りながら、どう最後の別れをするか——。十分な供養が難しい事態に、遺族だけでなく、行政の担当者など多くの関係者が苦悩している。

震災前の日本の火葬率はほぼ100％近く。ただ、国学院大学大学院の新谷尚紀教授（民俗学）は、「日本で火葬が急速に普及したのは戦後の高度成長期以降。それまでは今回の被災地を含めて、土葬が一般的だった。被災地でもお年寄りは、土葬を見たりした体験があるはず。土葬だからといって、供養が粗末になるということにはならない」と話している。

震災で死亡した身元不明者も〝仮埋葬〟された＝4月5日、宮城県石巻市

幼い女の子も棺に土をかけて最期の別れをした＝22日、宮城県東松島市

棺の中にはぬいぐるみや写真など思い出の品々が納められた＝22日、宮城県東松島市

安置所には段ボール箱に入ったひつぎが積まれた＝13日、宮城県名取市

被災者の皆様に

あぁ　なんという
ことでしょう
テレビを見ながら
唯《ただ》　手をあわすばかりです
皆様の心の中は
今も余震がきて
傷痕《きずあと》がさらに
深くなっていると思います
その傷痕に
薬を塗ってあげたい
人間誰しもの気持ちです
私もできることは
ないだろうか？　考えます
もうすぐ百歳になる私
天国に行く日も
近いでしょう
その時は　日射《ひざ》しとなり
そよ風になって
皆様を応援します
これから　辛い日々が
続くでしょうが
朝はかならず　やってきます
くじけないで！

柴田トヨ

「くじけないで」各界メッセージ

「私の歌で少しでも勇気を、少しでも元気を与えることができるなら、それが私の仕事」シンディ・ローパー（米歌手）

「みんなで協力してできることから始めていきたい」有村智恵（プロゴルファー）

「スポーツ界、エンターテインメント界も1つになろうとしている。この流れを止めちゃいけない。この輪を広げていかないといけない。今が始まり」少年隊・東山紀之（歌手）

「長いスパンで関心や意識を持ってもらいたい。『Marching J』を通して支援していきたい」SMAP・中居正広（歌手）

「今日が終わりじゃありません。『Marching J』は動き続けて、被災者に熱いメッセージを送り続けます」近藤真彦（歌手）

「生きてて良かったってそう思って貰える勇気を届けよう。それが、今日を生きる僕らの使命だ」ＧＡＣＫＴ（ミュージシャン）

「被害に遭われた方にしか分からない苦しみ、つらさがあると思う。健康には気を付けて頑張ってほしい」横浜ＦＣ・三浦知良（サッカー選手）

「われわれの心は一つ。難局を乗り切るため持ち前の底力とエネルギー、知恵や回復力を発揮すべき時だ」オノ・ヨーコ（芸術家）

「一日も早くこの困難な状況を乗り越え、安心して過ごせる日を迎えられることを心よりお祈り申し上げます」ペ・ヨンジュン（韓俳優）

「みんなスゴいです！！必ず復興します！日本をナメるな！東北をナメるな！」サンドウィッチマン・伊達みきお（芸人）

「励まし合い支え合い、皆さまと一緒に明るく元気な日本の未来を願いながら頑張っていきたいと思っております」浜崎あゆみ（歌手）

「今こそ前を向いて、希望を持って一緒に頑張ってほしい。あきらめずにこの現状を乗り越えてほしい。頑張ってください」ＣＳＫＡモスクワ・本田圭佑（サッカー選手）

「予断を許さない状況が続きますが、力を合わせていきましょう」楽天・田中将大（プロ野球選手）

「（復興は）長い時間がかかると思う。皆さんと一緒に戦っていく」石川遼（プロゴルファー）

「あきらめないでください。絶望しないでください。今はただ、祈り続けています」鈴木京香（女優）

「被災された方々は非常につらい状況だと思いますが、がんばってください」日本ハム・ダルビッシュ有（プロ野球選手）

「光の射してくるほうを見よう。暗い闇のなかでも、光が見えたら、その穴から空気も入ってくるし、なによりそこから希望につながっていく」糸井重里（コピーライター）

JFA
がんば
サッカー

「一日も早く、一刻も早く、被災された方たちが安全な場所に移れますよう、心より祈っております」吉永小百合（女優）

「どんなに離れていても心は一つ。一人じゃない。みんながいる！みんなで乗り越えよう！」伊インテル・長友佑都（サッカー選手）

ICHIRO
51

「今この国にある最高の財産は、人と人との絆です。これから僕たちは１人でも多くの輪を広げ、皆さんを応援し続けます」渡辺謙（俳優）

「厳しい避難生活の中で少しでも元気になってもらえたらいい。ふるさとのためにできる限りのことをしたい」福原愛（卓球選手）

「がんばれ東北　がんばろう日本。被災された皆さんが助け合い、人が信じ合うことの強さに打たれました」長嶋茂雄（巨人軍終身名誉監督）

（写真はロイター）

日本の皆へ
しでも多くの命が
救われますように
共に生きよう！
Liebe Freunde in Japan,
in der Hoffnung,
dass viele Leben gerettet werden
lasst uns zusammenstehen!

「故郷女川のあまりの変わりように言葉を失っております。被災された方の救助が早く終わり、復興に向けて、私もお手伝いできることを願っています」中村雅俊（俳優）

モノ作り大国を直撃

—長引く操業停止

精密機械の加工工場は1階部分から崩れ、生産もストップした＝3月12日、福島県須賀川市

東日本大震災は、モノ作りに支えられてきた日本経済に大打撃を与えた。自動車や電化製品の生産に不可欠な部品や素材の一部については、操業再開にめどが立っていない工場もある。車や家電は1つでも部材が欠ければ完成品は造れず、本格的な復興の壁となる。供給が回復しても、その後には夏の計画停電が待つ。部材の供給不安は長期化が確実で、再建を目指す日本経済の重しとなっている。

「震災の爪痕の深さ、悲痛さを実感した」。トヨタ自動車の豊田章男社長は3月27日、被災した宮城県内の子会社工場や販売店、港湾施設などを視察したが、あまりの惨状にこう漏らした。愛知県の工場などでハイブリッド車3車種の生産を再開したが、幅広い商品の中のごくわずかにすぎない。調達にめどが立たない部品は多い。

日産自動車のように「3月下旬から回復のピッチが急速に上がった」（志賀俊之最高執行責任者）という企業もあるが、操業を再開しても再び部品調達が滞る可能性もある。「本当に問題なく稼働できるか綱渡りの状態が続く」（自動車メーカー首脳）という。

東京電力福島第1原子力発電所に近い福島県浪江町にある自動車部品の日本ブレーキ工業などは、被曝の懸念があるため工場に立ち入ることすらできない。

供給不足で深刻なのは半導体や電子部品だ。エンジン制御などのほか、カーナビゲーションなどの車載機器にも不可欠で、その重要度は極めて高い。

自動車用半導体で世界首位のルネサスエレクトロニクスは、その25%を生産する那珂工場（茨城県）が止まったままで、海外企業などの工場に生産を受託。半導体材料となるシリコンウエハーの不足はさらに厳しく、最大手の信越化学工業白河工場（福島県）などが操業を停止。世界生産能力の4分の1が一度に失われた計算になる。

金属などの産業素材も復旧が遅れている。特に、自動車用鋼板や建材のめっき処理に使われる亜鉛の生産能力は震災前の7割減と大打撃を受けた。

日本の部材メーカーの危機は、他国にとって好機となる。調査会社のIHSアイサプライ・ジャパンの南川明副社長は「記憶用半導体など汎用品を中心に、すでに韓国などの競合メーカーの中には日本勢のシェアを奪うような動きもみられる」と指摘する。

がれきに埋もれた製紙工場も再建に向けた整備が始まっている＝4月1日、宮城県石巻市

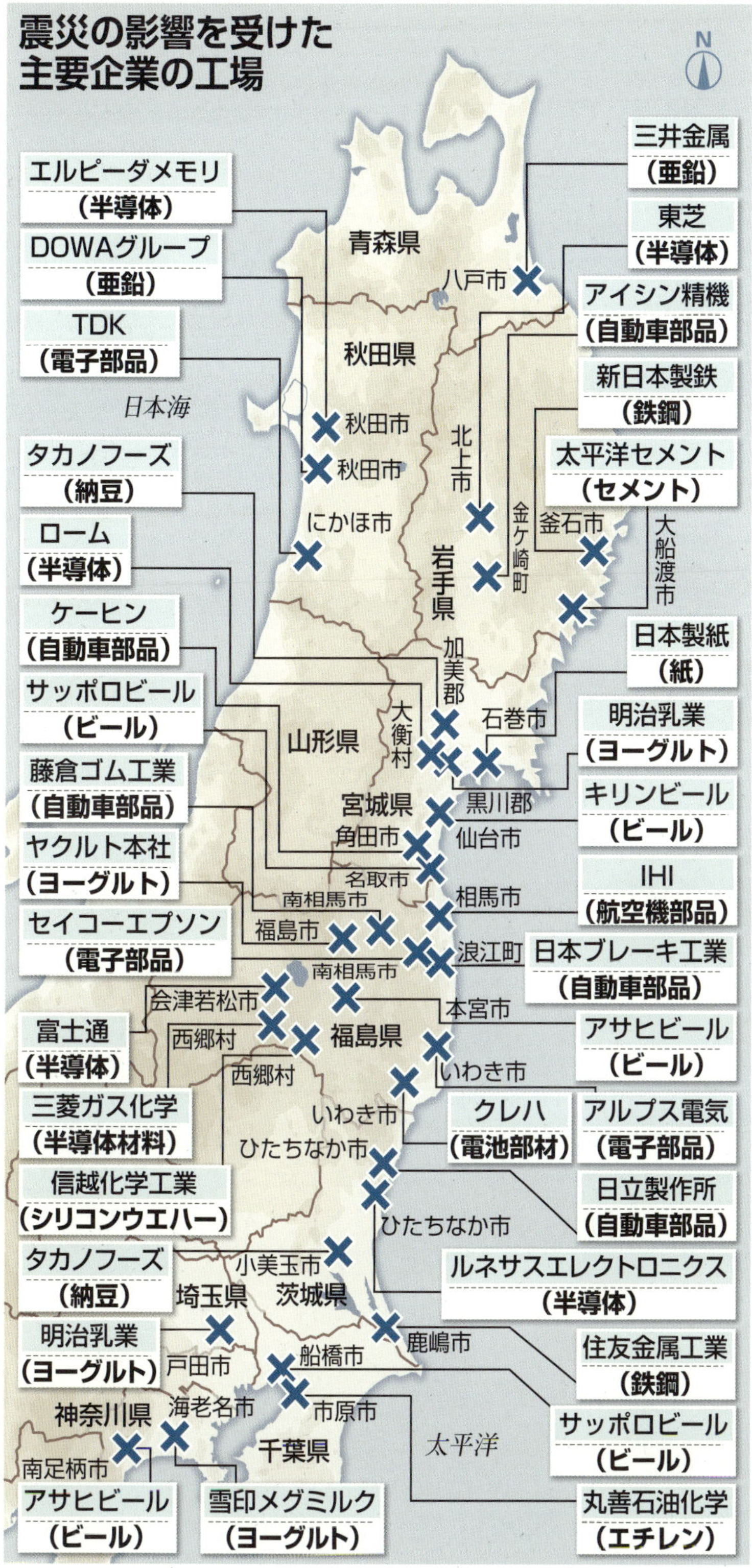

津波の影響で、近くのビール工場から大量の缶が流されてきた＝3月13日、仙台市

納豆、ビール、医薬品も…

食品などの工場も深刻だ。計画停電の影響で、製造工程での温度管理が難しく、工場の生産能力が落ちている。医薬品も停電になると、無菌状態を維持しにくく、品質の管理に影響が出るという。ビールも増産を急ぐが、計画停電区域の工場では仕込みができない状況で、電力とビールが最需要期に入る夏場の生産管理に頭を痛めている

「計画停電の予定が前日に知らされると、原乳の入荷や配合する菌の準備など正確な量産計画が立てられない」。雪印メグミルクの担当者は、こう説明する。ヨーグルトは牛乳と同様に高温殺菌するだけでなく、40～50度の状態で発酵させる。冷却や保温など微妙な温度調節が必要で停電すると、品質管理や長期保存ができなくなる。

納豆も店頭から消えた。「おかめ納豆」を生産する最大手のタカノフーズは東日本3工場が被災し、3月下旬から茨城の2工場で出荷を再開したものの、生産量は震災前の半分程度になった。「金のつぶ」のミツカンは群馬県館林市の工場が計画停電を避けるため、「夜間操業などで対応」（同社）しており、フル稼働できずにいる。

一方、医薬品も、無菌室で製造する注射剤は、一瞬でも停電すると無菌状態が損なわれ、滅菌作業が完了するまで数週間から1カ月かかる。

東和薬品は、東日本大震災の直後から山形第1工場（山形県上山市）で停電が発生し、空調機器が停止したことで無菌状態が保てなくなった。田辺三菱製薬は震災後、注射剤などを製造する足利（栃木県足利市）、鹿島（茨城県神栖市）工場の操業を一時停止した。

大手ビール各社は、東北の工場が大きな被害を受けたうえ、関東周辺の主力工場が計画停電地域にある。ビール製造は、麦芽とコーンなどの副原料を煮る仕込みと発酵に、最低半日はかかる。停電時間自体が3時間でも、停電前後に配管の洗浄や設備点検で数時間かかり、事実上操業が難しい。主力工場の生産能力の落ち込みをカバーしようと、アサヒやサッポロは、主力のビール類の製品を3種類程度に絞って増産している。

キリンは最大拠点である横浜工場（横浜市）に1日1万キロワットを供給できる自家発電を備え、計画停電中でも製造は可能だが、「操業休止した工場を補うほどの販売量の確保は難しい」という。

想い出も流された
——爪痕

地震だけなら…。被災地の人たちは何度もそう口にした。激しい揺れの後、家族を、家を、恋人を、友人を飲み込んだ大津波。がれきの山と化した街の中には、最愛の人たちの遺品だけが無残な形で残されていた。

町には赤いランドセルだけが残されていた＝14日、宮城県南三陸町

がれきの中に埋もれたアルバム＝14日、宮城県南三陸町

避難所となった階上小には、拾われたアルバムや写真が次々と持ち込まれた＝25日、宮城県気仙沼市

写真の中の笑顔だけは変わらない＝14日、宮城県東松島市

津波は家族の歴史さえも流しつくした＝15日、宮城県石巻市

大切な卒業アルバムも砂に埋まってしまった＝29日、岩手県陸前高田市

箱に入ったままの真新しい学生服も砂まみれに＝17日、宮城県気仙沼市

連絡のとれない孫の写真に、作業の手が止まる＝15日、宮城県石巻市

見る影もない自宅の前で、女性は力なく座り込んだ＝13日、宮城県気仙沼市

思い出の品々ががれきの片隅に置かれていた。だが、取りに来る人はまだいない＝30日、岩手県陸前高田市

思い出の写真は波と砂にのまれてしまった＝13日、岩手県陸前高田市

被害を受けた町を歩く女性。辺りは見渡す限り、廃材と土砂ばかりだ＝14日、宮城県南三陸町

身を寄せ合ってゴムボートで移動する被災者＝13日、宮城県名取市

津波で転覆したJR常磐線の電車を呆然と眺める＝12日、福島県新地町

壊れた家をみて、男性は崩れ落ちて泣いた＝17日、岩手県大槌町（ロイター）

自衛隊員ががれきの中から発見された遺体を運ぶ。ほかの隊員は目を伏せ、そっと手を合わせた＝14日、宮城県東松島市

震災から
4日目

男性の遺体はこぶしを握りしめていた

家も、電柱も消えた広い空に、がれきを取り除く重機の音だけが響いていた。震災から4日目の3月14日、前日に200人を超える遺体が見つかった宮城県東松島市野蒜地区に入った。被災者の生存率が大きく下がるとされる地震発生後72時間を迎えている。「早くみんなを見つけてやってくれよ」。がれきの街で、生き延びた人たちの顔から表情が消えていた。

日本三景・松島近くの海岸沿いの地区に、かつての美しさは跡形もなかった。街を守るはずだったコンクリート製の堤防が壊れ、家々が消えた海沿いから内陸に進むにつれて、押し寄せたがれきが刺さった建物がわずかに残る。自宅を失った男性（64）は力なく話した。「こんな状況じゃ逃げれるわけねえべよ…」

そこかしこで自衛隊員が山のようながれきを手で取り除き、消防隊員がひしゃげた家や車をのぞき込む。必死の捜索活動で、前日は十数人の生存者が救出されたという。しかしこの日は絶望的な光景

泥にまみれたピアノ。もう美しい音色は響かない＝30日、宮城県気仙沼市

民家のすぐそばまで乗り上げた巨大船。津波は目を疑うような光景をつくりだした＝16日、宮城県気仙沼市

流された家屋から日用品を運び出す被災者＝13日、岩手県陸前高田市

わずかに残った民家にも流されてきた土砂や廃材が絡み合う＝12日、福島県南相馬市

姉は、弟が好きだったウィスキーを供えた＝21日、岩手県陸前高田市

が続いた。

ひっくり返った車の周囲に隊員らが集まっていた。後部座席でだらりと手を投げ出す80歳前後の女性。運転席で固くこぶしを握りしめた60歳くらいの男性。隊員らが土にまみれた2人を引っ張り出し、毛布をかけた。親子で逃げる途中、車ごともみくちゃになったのだろう。一行は担架をかつぎ、声もなく歩き始めた。

家が並ぶ海沿いから高台への道は、川にかかる橋が一つしかない。地震発生後、逃げようと高台を目指す人たちの車で渋滞し、そこに津波が襲いかかったという。川は押し流された家の屋根や車で埋め尽くされていた。

少し離れたがれきの中からも別の男性が見つかった。手を合わす隊員らの間を遺体を乗せた担架がゆく。死が身近になってしまったのか、住民らは表情を変えることなく呆然と歩くだけだ。

壊れた堤防の上をうつむいて歩く男性がいた。野蒜地区から海を渡った場所にある宮戸島に父の実家があるという男性（33）。叔父家族らと連絡が取れない。島へ渡る唯一の橋はすでに半分流されている。橋に乗り上げた遊覧船乗り場の屋根を乗り越え、島を眺めた男性は悲痛な声を上げて立ちつくした。

「あーなんもなぐなってる…」

廃材や土砂が捜索活動の行く手を阻む＝18日、岩手県陸前高田市

脱線した列車は、民家の塀のように押し流された＝27日、宮城県東松島市

線路を歩いて避難所へ戻る被災者たち＝21日、宮城県気仙沼市

電車も線路から遠くまで流された。町は跡形もなく津波にのまれた＝22日、宮城県女川町

警察官は倒壊した家屋から発見された遺体に手を合わせた＝10日、仙台県宮城野区

泥だらけになりながらも、国旗は高々と掲げられていた＝20日、岩手県釜石市

小学校で見つかった孫のランドセルを、祖父は強く握りしめた＝29日、宮城県石巻市

震災から
2週間

手がかりは減り続ける…

地震発生から2週間を迎えた被災地。がれきを手でかき分け家族を捜す人、ガソリンが底をつくまで避難所を回り安否を確かめる人、遺体安置所で懸命に遺体の写真を眺める人…。そうした姿は発生当初と少しも変わっていない。

「やっぱり体がほしいですよ」

無精ひげがはえ、こけた頬の男性が充血した目で訴えた。小学生の子供が津波に流され、行方不明になっている。地震の翌日から毎日、宮城県石巻市釜谷の大川小学校周辺で早朝から夕方まで捜索しているが、手がかりはない。

発生当時、小学校にいた児童が、南に約40キロ離れた島の周辺から見つかったと知っても「この近くにいるはず」と信じている。この日も小さな体の捜索に出たが、しばらく歩くとがれきを前にへたり込み、ただ、ただ涙を拭いていた。

遺体が見つかっても身元が判明しない場合も多い。宮城県警はホームページで特徴を列挙するが、判断材料には乏しい。「津波で衣服が脱げ、裸で見つかる遺体が多い」(県警)からだ。

行方不明者の家族は毎日、津波で流された位置を推測して捜索活動を行いながら、複数の避難所と遺体安置所を回って安否確認をする。

「何体見たか覚えていない」。自宅があった付近を、妻(54)と80代の両親の捜索にきた石巻市針岡の会社員(56)は目を伏せる。

石巻市の旧青果市場に設置された遺体安置所には、屋外に仮設テントがある。寒風の下、青いビニールシートに貼られた無数の遺体の写真に、家族たちは目を走らせる。身内に似た遺体があった場合、直接確認する。

見覚えのある顔写真を見つけ、頭を抱えて座り込む人。コンクリートに敷かれたシートに並べられた白い袋の前で手を合わせる人。「遺体をみても、真っ黒で見分けのつかない顔が多い」と話す男性は、家族以外の遺体の確認にも奔走する。家の近くの堤防が津波で決壊し、集落にいた約120人のうち半数が行方不明。遺体で見つかった人は10人しかいないという。

鯨漁の拠点、鮎川港でも、船が市街地に打ち上げられていた=26日、宮城県石巻市

大破したガスタンク。浜近くから市街地まで流されていた=29日、宮城県岩沼市

がれきの中の道を進む警察官。かすかな声も聞き逃さないように注意を払う=27日、宮城県石巻市

重機によるがれきの撤去作業も始まった=22日、仙台県若林区

田老地区の防潮堤の上で、男性はたばこを吸いながら、呆然とがれきを眺めていた=26日、岩手県宮古市

がれきの撤去が進み、道路もできたが、今もなお満潮時には道路が冠水するという＝4月8日、宮城県気仙沼市

発生から1カ月。警視庁機動隊員による避難区域の捜索がようやく始まった＝4月7日、福島県南相馬市

がれきの中に並ぶ電柱。電気の復旧は復興への第一歩だ＝4月7日、宮城県南三陸町

津波で流された車も1カ所に片づけられた。その数は数えきれないほどある＝4月8日、仙台空港

原発事故の避難区域では、ぬいぐるみやランドセルが泥まみれのまま放置されていた＝4月7日、福島県南相馬市

震災から4週間

避難指示の町 ようやく捜索

被災から4週間近く経った4月7日、福島第1原発から10～20キロ圏内にある福島県南相馬市で行方不明者らの捜索や遺体の収容がようやく始まった。避難指示区域で生活の気配はない。津波で壊滅的な被害を受けた上、放射線量が高いとされ、捜索活動が進んでいなかった。

参加した警視庁の機動隊員は248人。いずれも胸と背中に「警視庁」と記されたフード付きの白い防護服を着込んでいる。顔にはゴーグルとマスクを装着しており、表情はうかがえない。ゴム長靴を履いた足もカバーで覆われ、手にはビニール手袋を二重にはめ、手首と足首には何重にも粘着テープを巻いている。

国道6号を南下した警視庁の車列が止まったのは原発から約17キロの地点。津波で壊滅的な被害を受けた原町区小沢。以前は一面に田んぼが広がっていたが、今はあぜ道が泥で埋まり、水田になるはずの場所には流木や車が転がっている。

捜索はかつて家があった場所や、津波で流されてきた家を中心に行わ

津波で流された家も手つかずのまま、まだ残されたままだ＝4月8日、宮城県石巻市

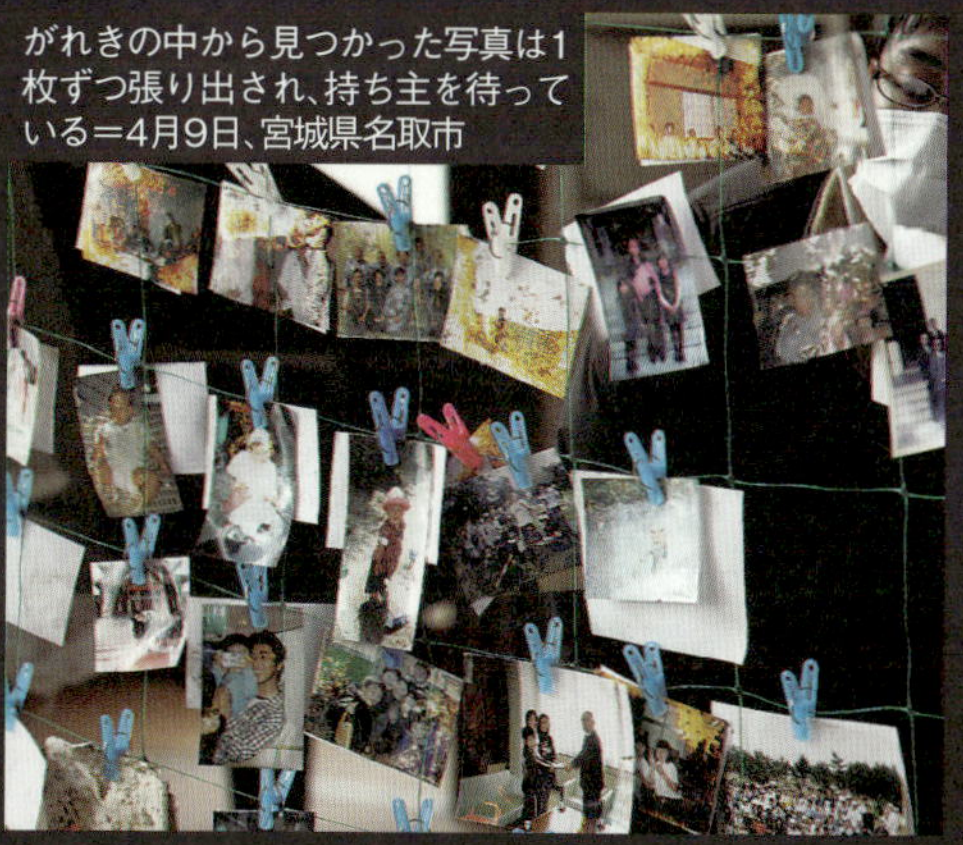

がれきの中から見つかった写真は1枚ずつ張り出され、持ち主を待っている＝4月9日、宮城県名取市

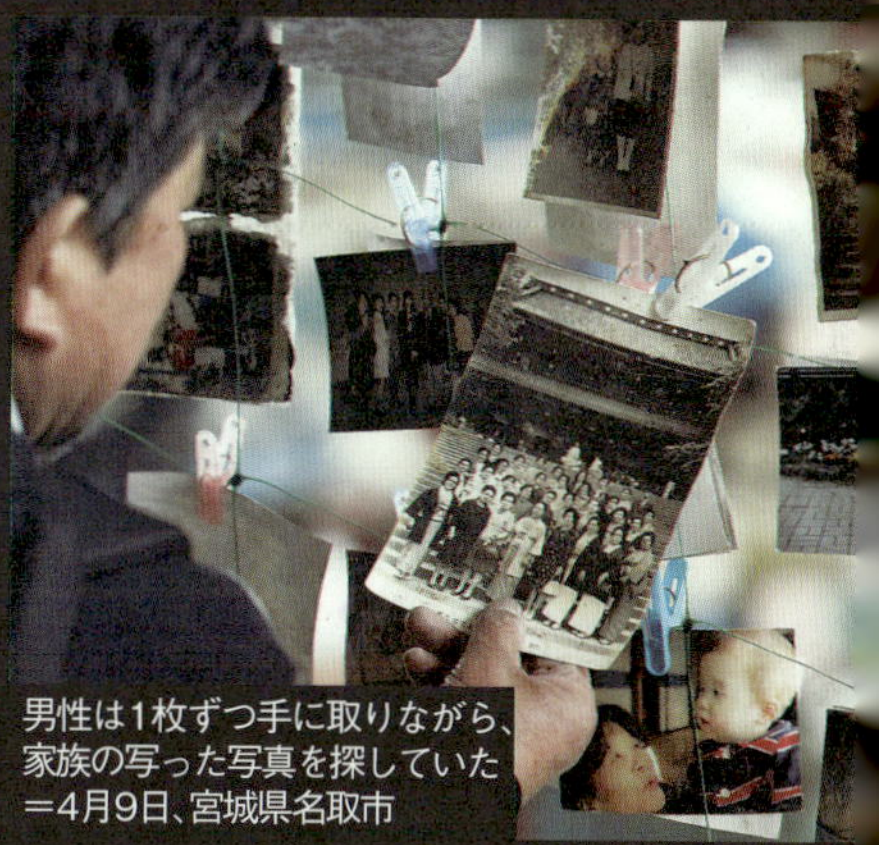

男性は1枚ずつ手に取りながら、家族の写った写真を探していた＝4月9日、宮城県名取市

がれきのようにしか見えない片付けられた車。その数だけドラマがあっただろう＝4月1日、宮城県多賀城市

がれきの中からは、今もなお数々の思い出の品が見つかっている＝4月7日、岩手県宮古市

復旧作業が進むがれきの中に、花が供えられていた＝4月2日、岩手県陸前高田市

れた。機動隊員はスコップや棒で丹念に捜索し、行方不明者がいないことを確認すると移動する。作業は無言のまま。響くのは、がれきを取り除く重機の音だけだ。

10～20キロ圏内はこれまで自衛隊や米軍の集中捜索でも対象外だったが、放射線量が低下してきたため実施に踏み切った。一帯の不明者は2453人で福島県内の6割強を占めているが、この日見つかった遺体は3人だけだった。

捜索場所のそばには、いくつものかごが置かれていた。位牌やクマのぬいぐるみ、ランドセル、アルバム…。機動隊員らは、捜索で発見された被災者の生活の痕跡を、次々とかごの中に入れていった。

一筋の希望

生まれ変わりなのかな

「無事生まれたよ」。母との別れの瞬間、病院にいる妻から長女の誕生を知らせる携帯電話のメールが来た。宮城県女川町で母親の利子さん（55）を亡くした福島県本宮市の会社員高橋大介さん（29）。利子さんが埋葬される1時間前に新しい命を授かった。「希望を持って生きていく」。そう誓った。

仙台市内の会社に勤めていた大介さんは、半年前に転勤のため夫婦で福島県に引っ越した。地震発生後、女川町の実家の家族や、里帰り出産のため宮城県大崎市にいた妻、香里さん（27）は無事だったが、利子さんだけ連絡がつかなかった。

携帯が通じるようになった2日後、妹の携帯に利子さんが地震直後に送っていたメールが届いた。「（勤務先の）老人ホームに取り残された人を避難させに行く」。それから約10日後に利子さんの遺体が見つかった。

28日午前9時、利子さんにとっては初孫となる娘が生まれた。「生まれ変わりなのかな。人は死んだら終わり、じゃないような気がしている」

大介さんはそう話す。「琴の音のように優しい子に育ってほしい」と、娘の名前は琴音と決めた。「次来るときは連れてくるよ」。大介さんは最後までひつぎの前に残り、利子さんに別れを告げた。

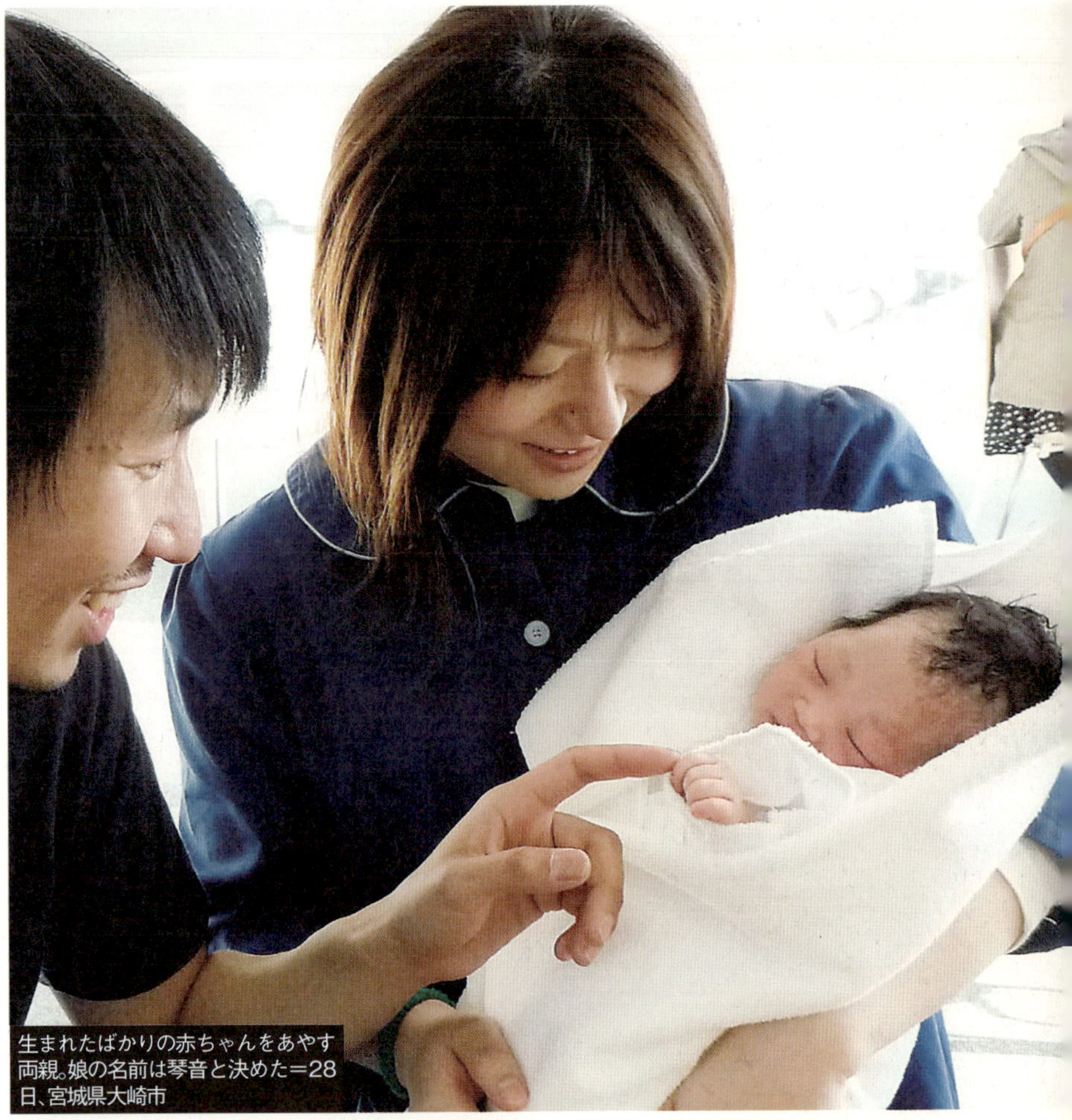

生まれたばかりの赤ちゃんをあやす両親。娘の名前は琴音と決めた＝28日、宮城県大崎市

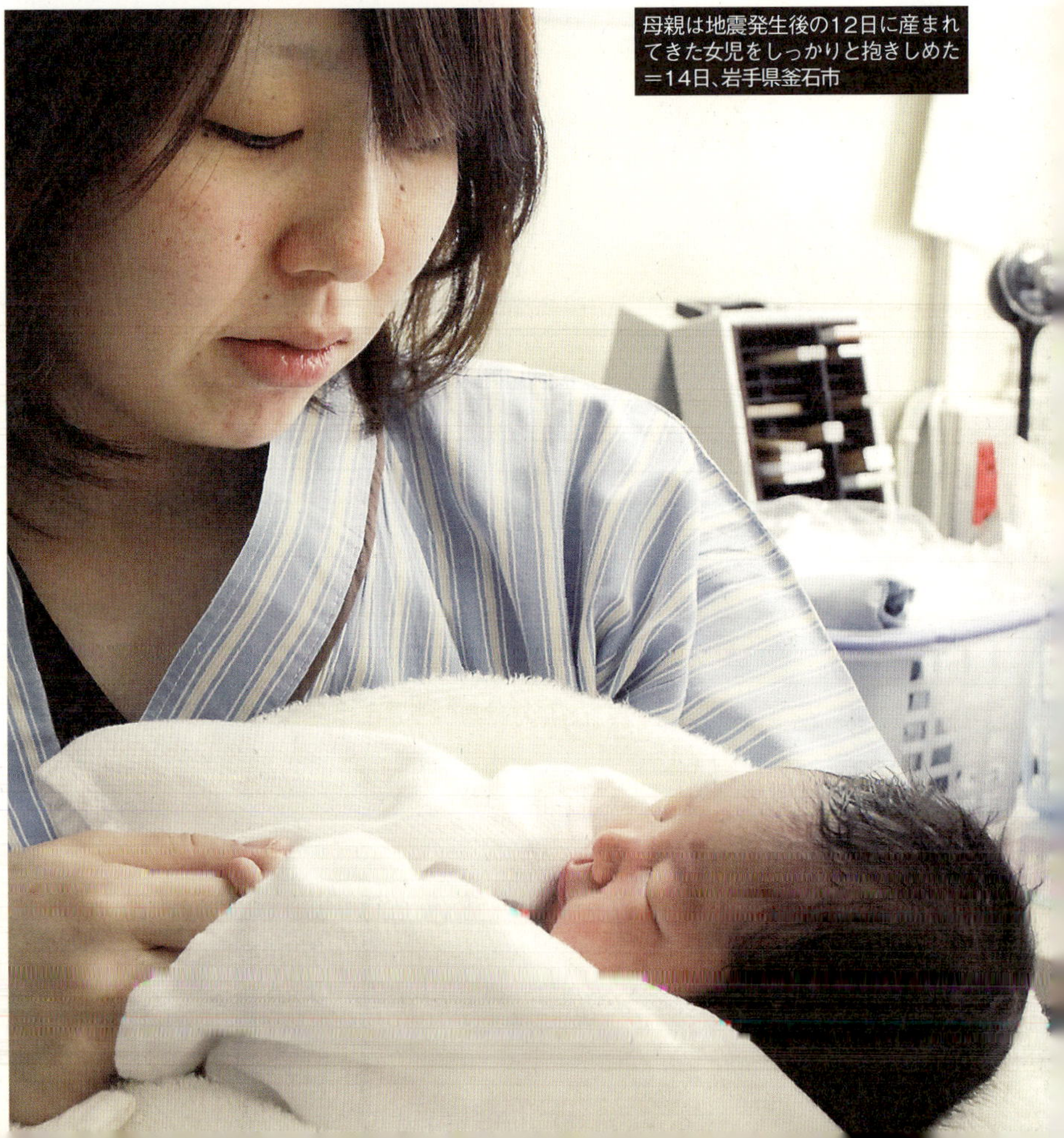

母親は地震発生後の12日に産まれてきた女児をしっかりと抱きしめた＝14日、岩手県釜石市

南気仙沼小では、難を逃れた卒業証書が卒業生に手渡された＝23日、宮城県気仙沼市

「20歳の自分」にあてた手紙をタイムカプセルに入れる大沢小の卒業生＝31日、岩手県山田町

将来の夢は…

津波で大きな被害を受けた岩手県山田町の大沢小学校で、今春卒業した児童29人が「20歳の自分」に届けるタイムカプセルを作り、学校の敷地内に埋めた。手紙や思い出の品々を同封し、山田町の明るい未来に向けて、願いを込めた。

大川莉奈さん（12）は「この津波のことを忘れないように」と書き、折り紙で作った花を同封した。大川さんは祖父が遺体で見つかり、祖母はいまだ行方不明だ。「大事な人を奪った津波は許せないけど、このつらい思いを忘れずに生きて、乗り越えていきたい」と誓った。

津波で家を流された大町杏那さん（12）は「みんなが優しくて海がきれいな山田町が大好きです。早く元の町に戻ってほしい」と話し、「8年前の私の夢だったバレーボール日本代表は叶ったかな」と将来の夢を記した。

佐藤はるみ教諭（51）は「街を復興させて自分以外の誰かを幸せにできる人間になってほしい」と話した。

小学生から高校生まで約200人が参加して合同卒業式が行われた＝29日、さいたまスーパーアリーナ

シャボン玉は大きく膨らんで空高くへと上がっていった＝29日、宮城県気仙沼市

再建に向けて動き出した工務店。「資材は足りないが作れるところまで作りたい」＝4月10日、宮城県名取市

志津川小の卒業式は避難所となった体育館で行われた。記念写真には避難している人も一緒に収まった＝28日、宮城県南三陸町

首都圏パニック
——都市機能停止

「快適な都市生活」とは、こんなにも脆いものだったのか。激しい揺れと原発事故による停電で、ごくあたり前だと思っていた日常は首都圏でも一変した。「被災地のことを考えればこれぐらい…」。そう思いつつ、歩いて家路を目指した人もいた。

九段会館では、専門学校の卒業式の最中に天井が崩落。2人が死亡した＝11日、東京都千代田区

多くの人が安全な場所を求めて道路の中央分離帯に避難した＝11日、東京都墨田区

江東区内でもビルから黒煙が上がった＝11日、都内

都内ではヘルメット姿で避難する会社員らの姿が目立った＝11日

オープン戦も中断され、選手も観客もグラウンドに避難＝11日、横浜スタジアム

地震から一晩明けても、港では輸出を待っていた車が燃え続けていた＝12日、茨城県東海村

本棚が倒れ、書類が散乱したオフィス＝11日、さいたま市浦和区

交通網がマヒし、帰る手段を失った人たちが途方に暮れて、駅の階段などに座り込んだ＝11日、東京都新宿区

川の水は堤防の上限までせり上がり、10分後にはあふれ出した＝11日、千葉県白子町

オフィスでは自動販売機やオフィス機器が倒れ、混乱した＝11日、東京都千代田区

「ゆりかもめ」も止まり、歩いて避難する乗客が軌道上に続いた＝11日、東京都港区

相次ぐ余震に思わずしゃがみこむ人の姿も見られた＝11日、JR東京駅

東北新幹線も運転を休止。乗客はコンコースで横になって再開を待った＝11日、ＪＲ東京駅

新宿駅ではバスを待つ人が長い列をつくった。混乱は翌日まで続いた＝11日、ＪＲ新宿駅

東京国際フォーラムに避難した男性。疲れは隠せない＝11日、東京都千代田区

公共交通がストップしたため、道路は歩いて帰宅する人で埋まった＝11日、東京都文京区

心細そうな表情で運転再開を待つ女性。都心では帰宅困難者があふれた＝11日、ＪＲ東京駅

駅員が外への避難を呼びかけるなか、改札前は電車の復旧を待つ人で混雑した＝11日、ＪＲ新宿駅

東京ドーム前の道路は、帰りを急ぐ車で大渋滞となった＝11日、東京都文京区

12万人が〝帰宅難民〟に

首都圏では発生直後、ＪＲ東日本が首都圏の在来線と新幹線全線で運転を取りやめたほか、私鉄も運転を見合わせたため、交通網が完全にマヒ。都心は自宅に帰れない〝帰宅難民〟があふれ、12万人以上が都内の避難所やターミナル駅で夜を明かした。

都によると、帰宅困難者のため都内で用意された公共施設などの避難所は計１０３０施設で、12日明け方には約９万４０００人が身を寄せた。また、警視庁のまとめでは、新宿や池袋などの主要駅、羽田空港で足止めされた人だけでも約２万７０００人に上ったという。

東京駅ではタクシー乗り場の列が１００メートルを超えた。都内の漫画喫茶やホテルも混み合った。東京都千代田区の勤務先から約20キロ離れた千葉県船橋市の自宅に向かう会社員の男性（43）は「電車もバスも動かないしタクシーもつかまらない。いつ帰れるのか心配」と疲労感をにじませた。

一晩明けても混乱は続いた。ＪＲ東日本が首都圏の在来線の運転を順次再開。ホームは押し寄せる乗客であふれ、入場制限も行われた。東海道線のホームでは長蛇の列に「最後尾がどこか分からない」と混乱する人も。革靴を脱いで一夜を明かしたのか、スーツにサンダル姿の男性もいた。

オフィスに泊まったという横浜市の女性（31）は「人が多すぎてホームから落ちそうで怖いので」といったん東海道線のホームから引き返した。

計画停電で電車が運休したため、多くの通勤者が埼玉県から荒川大橋を渡り、都内に入ってきた＝14日、東京都北区

防災頭巾で集団登校させる小学校も＝16日、東京都練馬区

日曜日にもかかわらず、銀座は閑散としていた＝20日、東京都中央区

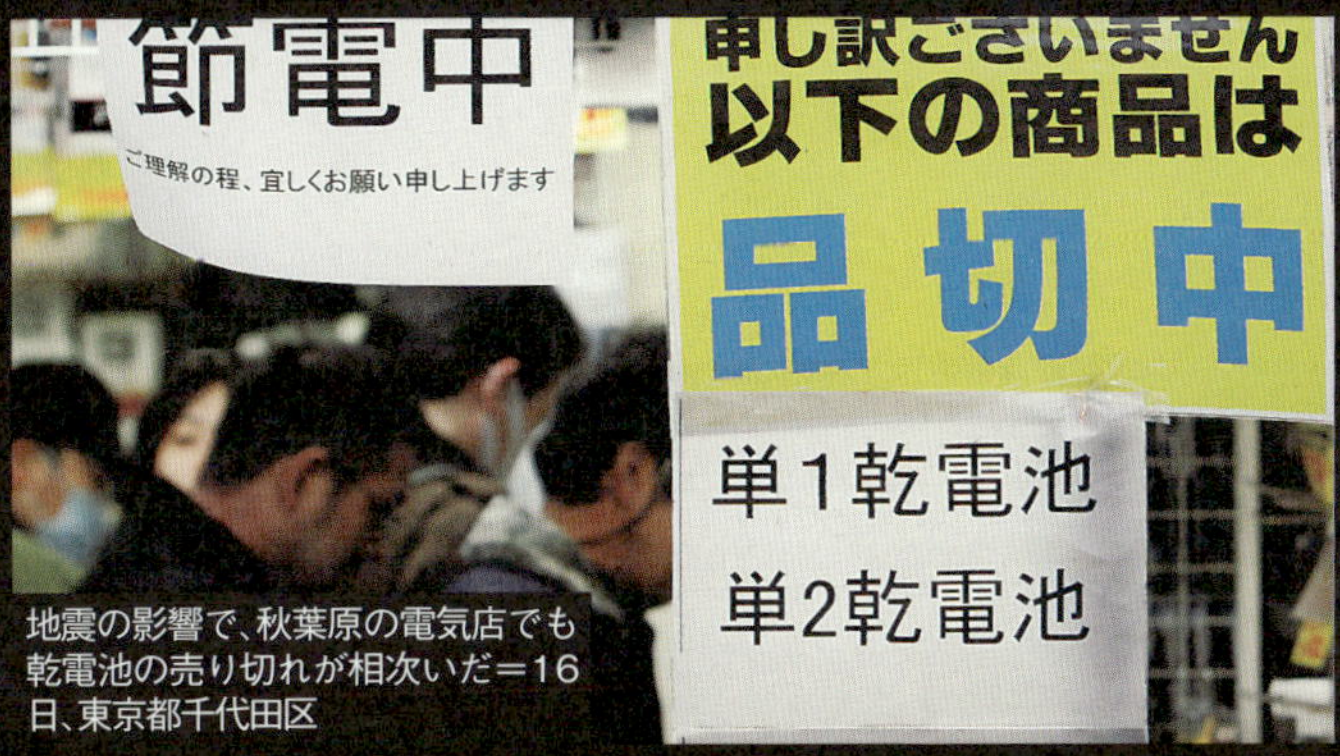

地震の影響で、秋葉原の電気店でも乾電池の売り切れが相次いだ＝16日、東京都千代田区

電車の運休を見込んで、自転車や徒歩で通勤する姿が多くみられた＝14日、川崎市多摩区

スーパーでは買い占めが相次ぎ、陳列棚は常に品薄状態に＝14日、横浜市西区

ガソリンパニックが広がり、都内でも給油所に長い列ができた＝18日、東京都墨田区

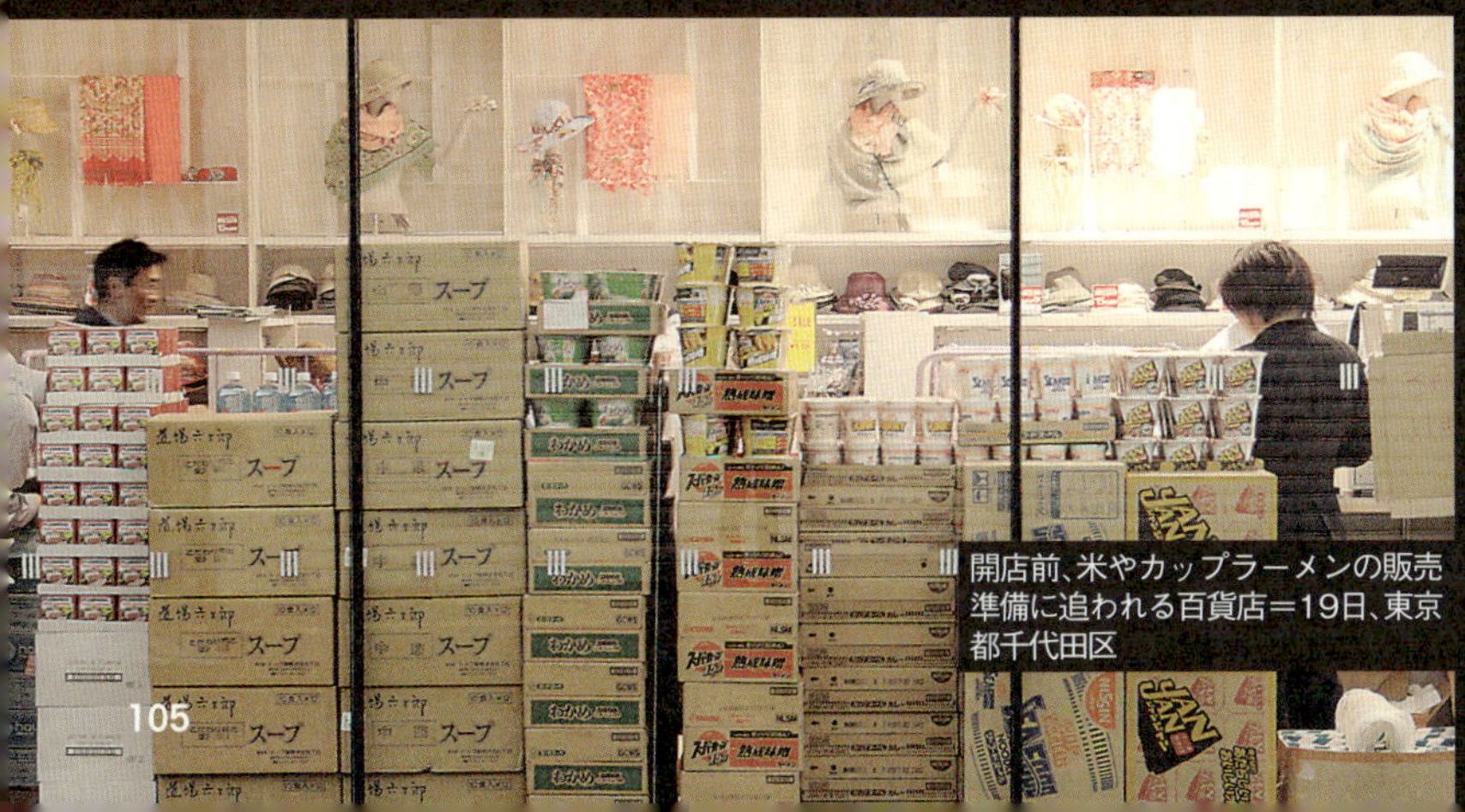

開店前、米やカップラーメンの販売準備に追われる百貨店＝19日、東京都千代田区

浦安市の液状化現象。4月になっても電話ボックスや電柱が傾いている＝4月1日、千葉県浦安市

計画停電の対象となった埼玉県三郷市周辺だけが、周囲から沈み込むようにぽっかりと暗くなった＝18日

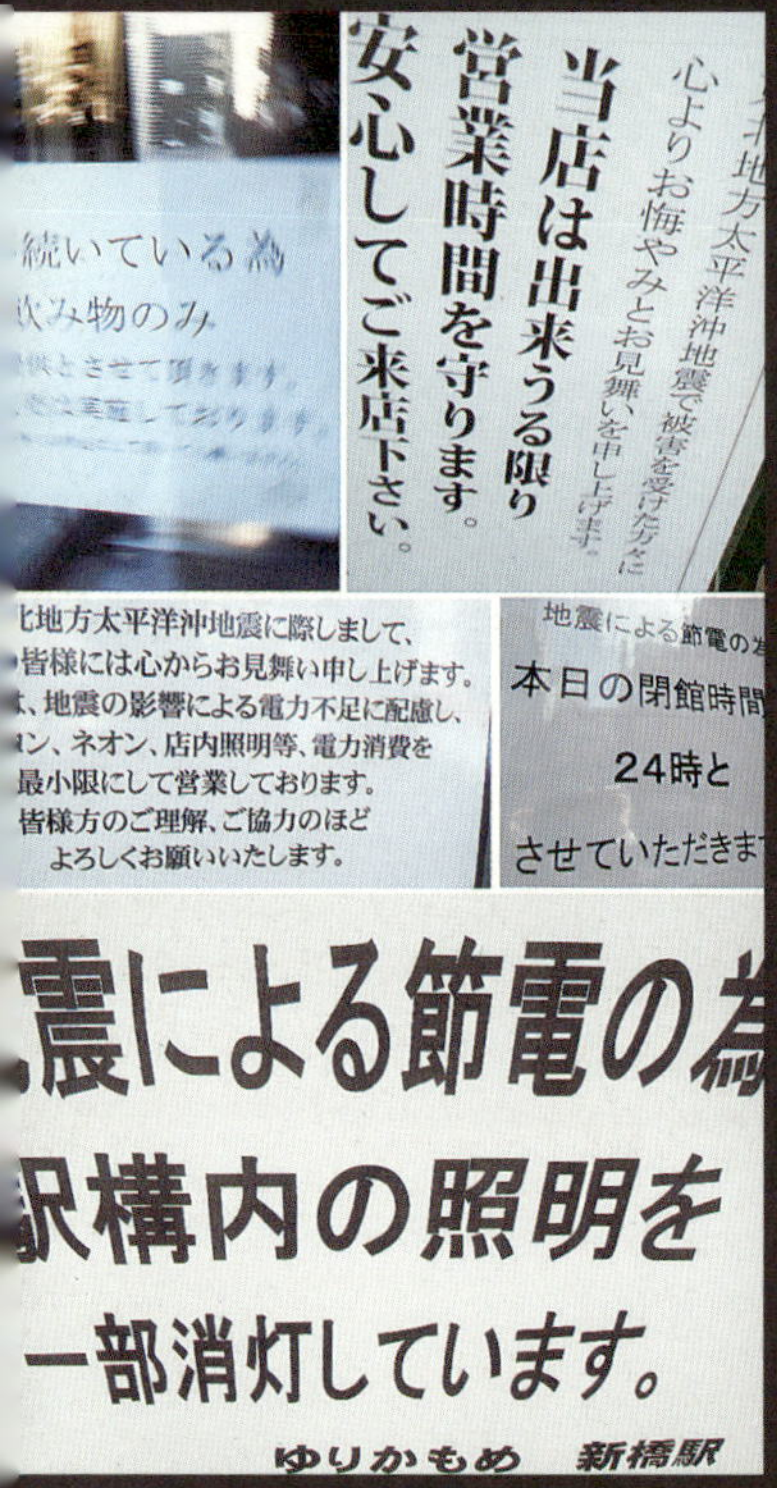

営業中のホームセンターも明かりが消えた＝15日、静岡県富士市

利用客でごった返す横浜駅の自由通路＝14日、JR横浜駅

ダイヤが乱れ、表示板も「調整中」に＝17日、東京メトロ銀座駅

マンションでは、停電に備えてオートロックの自動ドアを解除＝15日、東京都足立区

切符売り場も照明が消された＝27日、東京メトロ銀座駅

節電で電車内の明かりも落とされた＝19日、西武池袋駅

24時間スーパーも一時休業になった＝14日、千葉県鎌ケ谷市

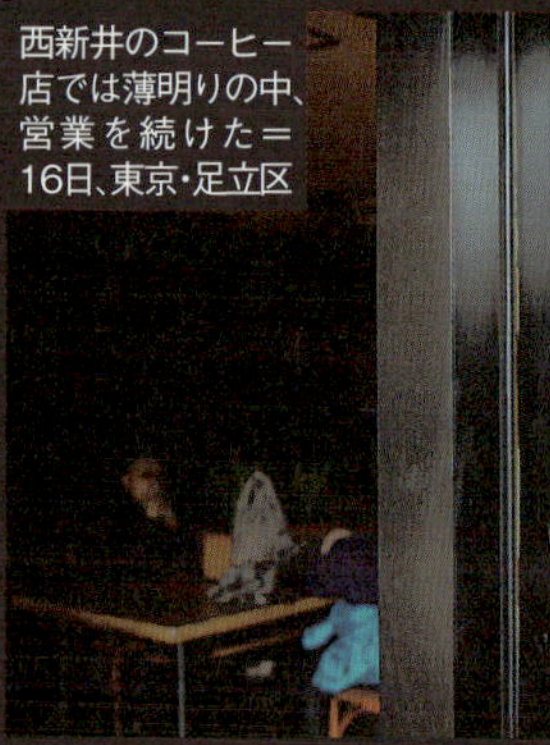

西新井のコーヒー店では薄明りの中、営業を続けた＝16日、東京・足立区

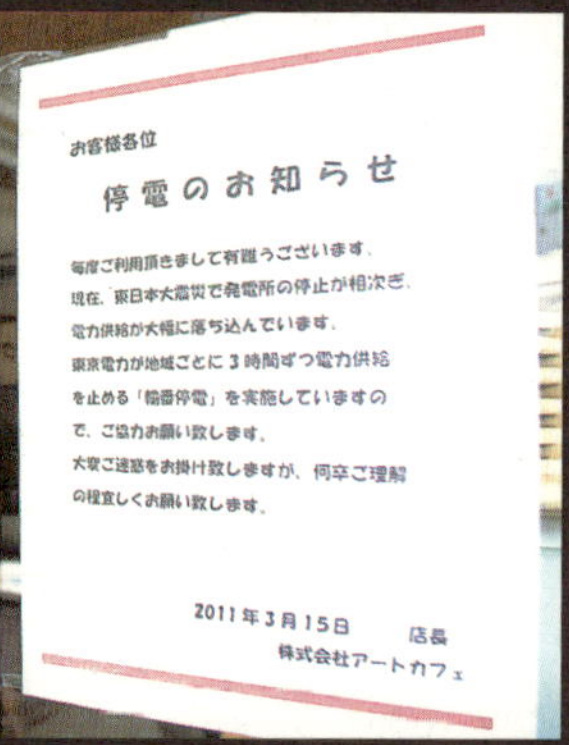

お客様各位

停電のお知らせ

毎度ご利用頂きまして有難うございます。
現在、東日本大震災で発電所の停止が相次ぎ、
電力供給が大幅に落ち込んでいます。
東京電力が地域ごとに3時間ずつ電力供給
を止める「輪番停電」を実施していますの
で、ご協力お願い致します。
大変ご迷惑をお掛け致しますが、何卒ご理解
の程宜しくお願い致します。

2011年3月15日　店長
株式会社アートカフェ

電車の本数が少なく、帰宅の足はバスに。停留所には長蛇の列が＝14日、東京都渋谷区

真っ暗な店内で、店員がヘッドライトをつける飲食店も＝16日、宇都宮市

宇都宮市中心部では、計画停電で交差点の信号機が消えた＝16日

計画停電で電車が運休したため、踏切も止まった＝28日、埼玉県川越市

給食も中止され、児童は弁当を持参した＝14日、前橋市

多くの中国人でにぎわう秋葉原の免税店も、震災後は閑散としている＝30日、東京都千代田区

電車の運休を見越した車で、朝の駅周辺は渋滞となった＝14日、千葉県船橋市

信号機が消灯し、手信号で誘導する警察官＝18日、東京都あきる野市

自主的に節電をするスーパーも多く見られた。＝19日、東京都墨田区

都内では節電への取り組みが広がり、駅のエレベーターも一時運転中止に＝16日、ＪＲ有楽町駅

節電の影響で薄暗い地下鉄駅構内。人影もまばらだ＝23日、都営市ケ谷駅

春休み中も、上野動物園は一時休園が続いた。パンダお目当ての子供は残念そう＝25日、東京都台東区

「無計画停電だ…」不満の声も

14日から始まった「計画停電」は、首都圏に大きな混乱を生んだ。初日は夕方になって一部地域で突然実施されたため、電車のダイヤは終日乱れ、朝の「出社難民」が夕方には「帰宅難民」に。その後も、実施されるかは直前まで分からないうえ、実施場所で地域差もあり、振りまわされた市民からは「無計画停電」との声が漏れた。

初日の14日、首都圏ではＪＲを含めた鉄道各社が停電を見込んで運行本数を大幅削減。ＪＲ千葉駅では早朝、閉じられた駅舎の前で、都立高校1年の女子生徒（16）が「駅に来て初めて運休を知った。こんなの『無計画停電』」と呆然。

夕方以降も鉄道の運転再開は一部区間にとどまり、ＪＲ東京駅では、何とか帰宅方法を聞き出そうと駅員に詰め寄る人も。藤沢市の女性会社員（26）はバスとタクシーを乗り継いで東京に通勤。「今朝はタクシー代が1万1300円もかかった。藤沢から先、どうやって家まで帰ればいいのか」とため息をついた。

信号機が停止する事態に向け、警視庁の関係署は手信号などでの交通整理に備えたが、結局、初日は都内が停電対象とならず、信号機は正常に機能。肩すかしに終わった。警察関係者は「いろんな情報が入るが、何が本当で何がウソなのか」と困惑した。

教育現場も混乱した。都立学校の4割以上にあたる128校が休校となったが、決定が深夜だったため、連絡が行き渡らず、学校に向かった生徒も多かった。卒業式を中止した学校もあった。

停電の夏

節電で1基分

夏場の深刻な電力不足への対策として、政府はピーク時の使用電力量を25%ほど削減することを検討している。工場など大口利用者を対象に電力の使用制限を発動する方針だが、家庭でもわずかな心がけで大きな節電効果が得られる。

東京電力は今夏の使用電力量の最大需要は5500万キロワットを見込んでいるが、供給できるのは最大でも5千万キロワット。電力不足は解消されない見通しが強い。

日本エネルギー経済研究所の試算では東電管内の2千万世帯がエアコン暖房の設定温度を1度下げるなどで49万キロワットを削減。事故を起こした福島第1原子力発電所1号機の出力が46万キロワットだから、その分をカバーできる計算だ。ほかにも使用以外にテレビなどのコンセントを抜いて待機電力を削減するなど、こまめな節電で290万キロワットを削減できる。

さらに食器洗い洗浄機や洗濯乾燥機などの使用時間をずらすことも有効だ。午前6～8時と午後6～8時に集中している利用時間を分散すれば、食洗機の節電量は43万キロワット、洗濯乾燥機は40万キロワット、電気炊飯器は38万キロワットを見込める。

同研究所によると、これらをすべて実行すれば朝方に380万キロワット、夕方に430万キロワットの需要減が期待できる。最近の原発には100万キロワット以上の出力があり、節電効果は原子炉3～4基分に相当するという。

一般家庭でできる節電対策

一般家庭でできる節電対策	東電管内の全世帯が実施した際の節電量
エアコンの設定温度を1度変えるなど	49万キロワット
テレビなどAV機器のコンセントを抜く	38万キロワット
電気炊飯器のピーク時の使用を避ける	38万キロワット
冷蔵庫の設定温度を強から中にするなど	28万キロワット
福島第1原発1号機の出力	46万キロワット

※財団法人日本エネルギー経済研究所調べ、夕方時

液状化の範囲最大

東日本大震災で、液状化現象が関東地方から東北地方まで、過去最大規模の広範囲にわたって発生していたことが、地盤工学会の調査で判明した。揺れた時間の長さが一因とみられ、沿岸部の住宅地を中心に被害が拡大した。千葉県浦安市では地盤沈下で家屋が倒壊するなど、被害は甚大だ。

液状化は、水分を含んだ砂質の地盤が地震の震動を受けて液体のように動く現象で、埋め立て地や河口で起きやすいとされる。泥状の土が噴き出したり、建物が土の中に沈み込み、倒壊に至る危険性もある。

液状化が確認されたのは、千葉県浦安市▽千葉県我孫子市▽東京都江東区新木場▽横浜市金沢区の八景島周辺▽茨城県ひたちなか市などで、東京湾沿岸での被害が目立った。

液状化が震源から離れた関東地方を含む広範囲に及んだ要因について、調査にあたった東大大学院工学系研究科の東畑郁生教授（地盤工学）は「揺れの強さというより、比較的長い時間揺れが続いたことにある」と分析している。

住宅地での被害が顕著だったことも特徴の一つだ。

埋め立て地を中心に、面積の約4分の3にあたる1455ヘクタールで液状化が発生した浦安市では、市の調査で8戸が全壊、466戸が半壊に相当すると判定された。横浜市の八景島に近い集合住宅は地盤が約60センチも沈下し、一時、下水道が使用できなくなった。

東畑教授は「造成時に『締め固め』と呼ばれる工法などで液状化対策を行う工業用地に対し、住宅地の対策は所有者まかせになっているのが実情。建設コストを抑えるために、対策を行わないケースも多い」と指摘している。

関東の液状化・津波被害

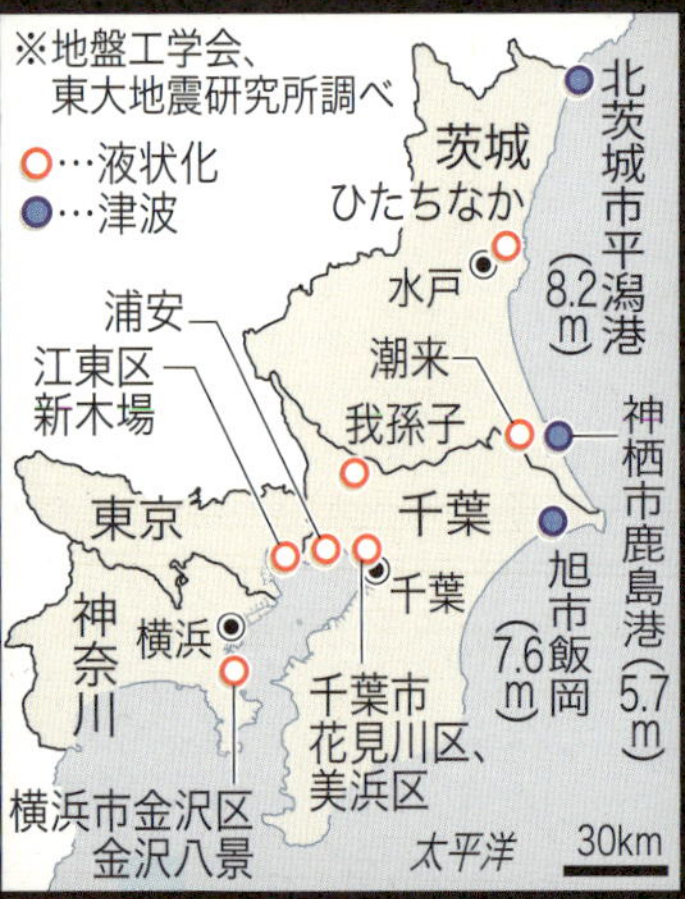

ディズニーランドの駐車場も液状化が起こり、車両が埋まった＝12日、千葉県浦安市

過去に日本を襲った大地震

チリ地震津波（宮城県南三陸町）

阪神淡路大震災（神戸市長田区）

新潟県中越沖地震（新潟県柏崎市）

十勝沖地震（北海道広尾町）

北海道南西沖地震（北海道奥尻町）

新潟県中越地震（新潟県小千谷市）

岩手・宮城内陸地震（宮城県栗原市）

国内で発生した主な地震と津波被害

	年	月	日	地震	被害	最大震度	マグニチュード	津波
昭和	35	5	23	チリ地震津波	死者、不明者計142人	—	9.5	あり
	58	5	26	日本海中部地震	死者104人	5	7.7	あり
平成	5	7	12	北海道南西沖地震	死者202人、不明28人	5	7.8	あり
	7	1	17	阪神・淡路大震災	死者6434人、不明3人	7	7.3	あり
	12	10	6	鳥取県西部地震	負傷者182人	6強	7.3	—
	13	3	24	芸予地震	死者2人、負傷者288人	6弱	6.7	—
	15	5	26	宮城県沖地震	負傷者174人	6弱	7.1	—
		9	26	十勝沖地震	死者1人、不明1人、負傷者849人	6弱	8.0	255cm
	16	10	23	新潟県中越地震	死者68人、負傷者4805人	7	6.8	—
	19	3	25	能登半島地震	死者1人、負傷者356人	6強	6.9	22cm
		7	16	新潟県中越沖地震	死者15人、負傷者2346人	6強	6.8	32cm
	20	6	14	岩手・宮城内陸地震	死者17人、不明6人、負傷者426人	6強	7.2	—

震度６強、７の揺れとは

	６強	７
人の動き	立っていられず、這わないと動けない。揺れに翻弄されて動けず、飛ばされることも。	
屋内外の状況	固定していない家具のほとんどが移動し、倒れる。壁のタイルや窓ガラスは多くが破損、落下。補強していないブロック塀のほとんどが崩れる。	固定していない家具が飛ぶことも。補強されているブロック塀も破損。
木造住宅	耐震性が低いと壁などに大きなひび割れ、亀裂も増加。傾いたり、倒れるものが増える。	耐震性が高くても壁などのひび割れや亀裂が増加し、まれに傾く。
地盤や斜面	大きな地割れが発生。崖崩れが多発し、大規模な地滑りや山体の崩壊も。	

※気象庁の資料を基に作成

産経新聞紙面に見る 震災一カ月

3月12日(土)

3月13日(日)

3月14日(月)

3月15日(火)

3月16日(水)

3月17日(木)

3月18日(金)

3月19日(土)

3月20日(日)

3月21日(月)

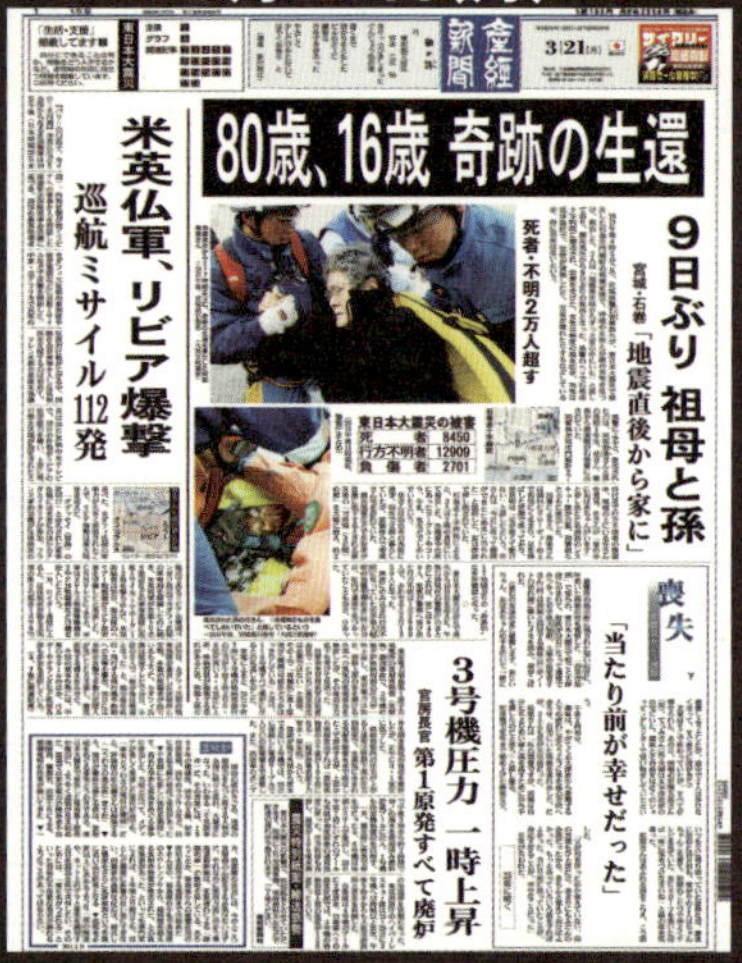

3月22日(火)

3月23日(水)

3月24日(日)

3月25日(日)

3月26日(土)

4月8日(金)

宮城で震度6強
女川原発、2電源途絶
国民に勇気「精神的支柱」
20㌔圏捜索 遺体収容
問われる危機外交

4月4日(月)

大連立「2段階論」浮上
自公から実務型3閣僚
吸水剤投入も流出止まらず
水との苦闘 続く悪循環
新たなルート構築急務
「安全」なお数十年

3月31日(木)

福島原発 安定化にハードル
最短なら1カ月 数年の長期戦も
原発作業員「俺たちがやる」
1～4号機「廃炉」

3月27日(日)

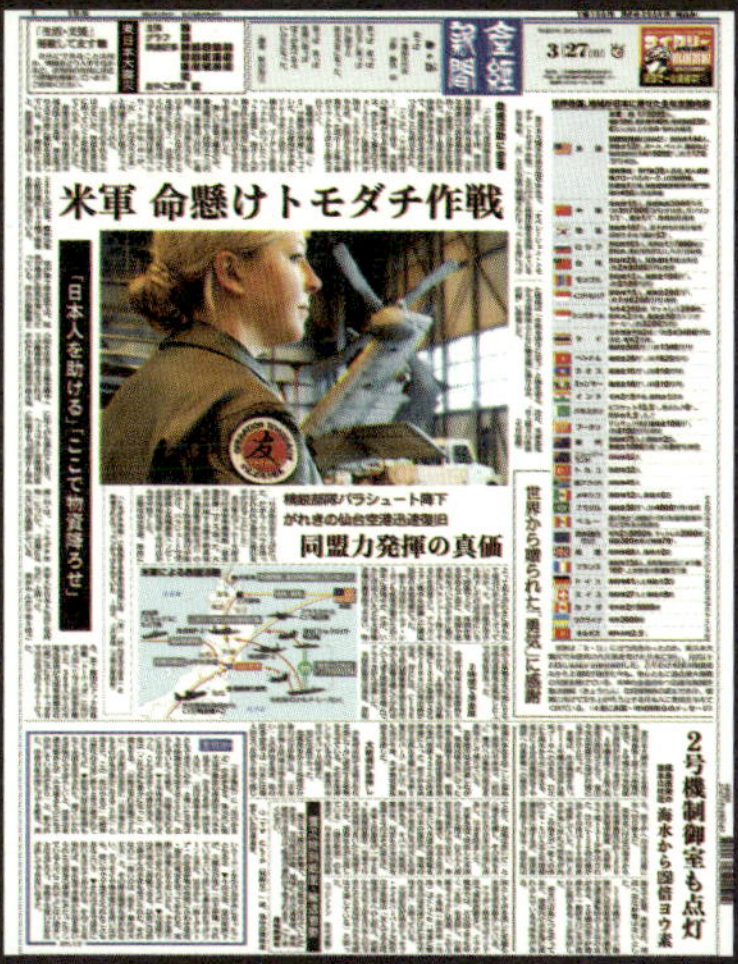
米軍 命懸けトモダチ作戦
同盟力発揮の真価

4月9日(土)

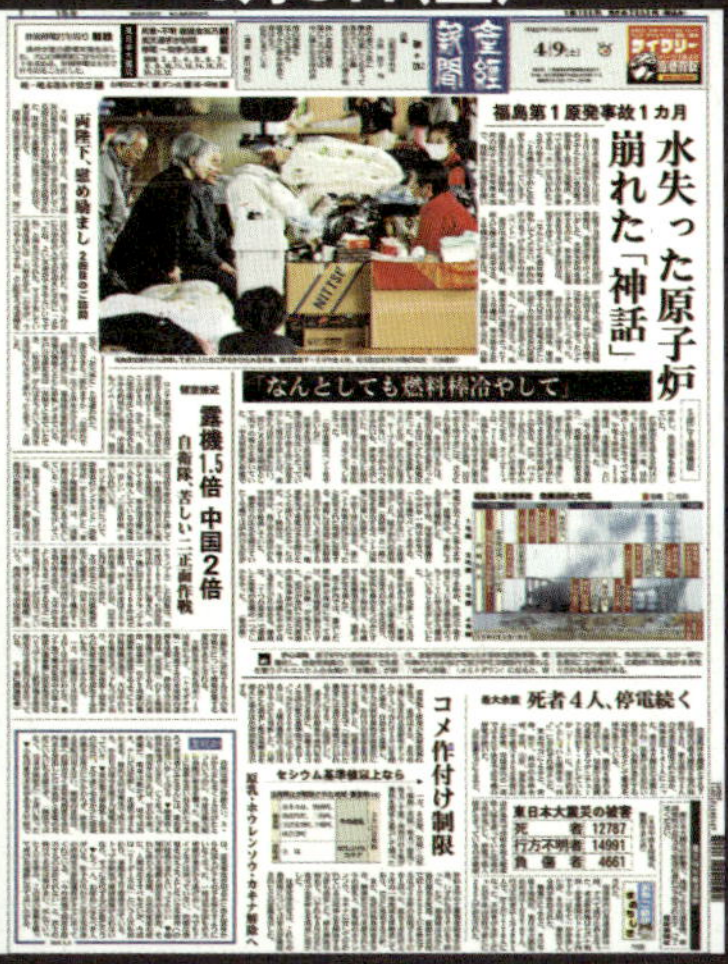
水失った原子炉 崩れた「神話」
「なんとしても燃料冷やして」

4月5日(火)

拡散で「魚の影響小さい」

4月1日(金)

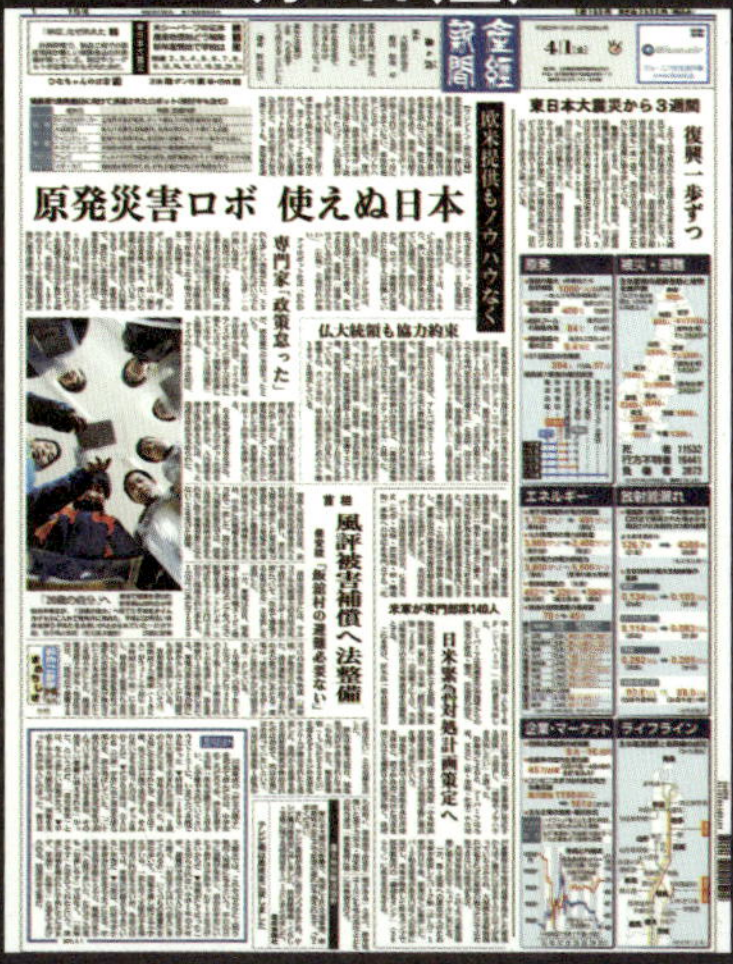
原発災害ロボ 使えぬ日本

3月28日(月)

「国民守る最後の砦」胸に
黙して任務全う 自衛隊員
2号機の水 放射能10万倍

4月10日(日)

首相執務室は開かずの間
「何かあったらお前らのせい」
東日本大震災1カ月
「土地離れたい」3割超す

4月6日(水)

善意が届かない
屋外に水冷却装置検討
凝固剤で汚染水減
魚介類 野菜と同一

4月2日(土)

くじけない
復興構想会議 創設へ
力士ら23人厳罰

3月29日(火)

官邸の場当たり的判断
土壌からプルトニウム

4月11日(月)

民主惨敗
石原氏4選 政権は無知
対決型知事選で全敗 道府県議選69議席減

4月7日(木)

沖縄 米軍への共感じわり
震源の海底 24㍍移動
「夏場所」無料で公開

4月3日(日)

自治体連携 広がる支援
復興へ オールジャパン
汚染水 海に流出

3月30日(水)

節電計画 企業に要請
部材不足 日本経済に重し
絆

闘う日本

―東日本大震災1カ月の全記録

平成23年4月29日 第1刷発行

著者　産経新聞社
編集人･発行人　皆川豪志

写真　産経新聞写真報道局　中鉢久美子　大西史朗　寺河内美奈　沢野貴信　門井聡　斎藤浩一　大山文兄　矢島康弘　荻窪佳　緑川真美　甘利慈　大井田裕　野村成次　酒巻俊介　滝誠四郎　大橋純人　桐山弘太　栗橋隆悦、大西正純　早坂洋祐　鈴木健児　頼光和弘　大塚聡彦　宮川浩和　彦野公太朗　渡守麻衣　松本健吾　志儀駒貴　安元雄太　塩浦孝明　三尾郁恵　大里直也　植村光貴　奈須稔　中井誠　伴龍二　北野浩之　吉沢良太　山田俊介　竹川禎一郎　鳥越瑞絵
古厩正樹　戸加里真司　財満朝則　飯田英男
西村利也　中川真　八木択真　奥田翔子　清作佐　三宅令　今中信博　松岡朋枝
原圭介　鵜野久美　佐久間修司　伊藤徳裕　佐俣陽子　中川春佳　石井那納子
橋本昌宗　佐藤貴生

写真提供
共同通信社　ロイター　AP　エアフォートサービス社　デジタルグローブ社
編集　福田哲士　石井昌
表紙デザイン　朝倉まり
DTP　芳本亨　㈱キューズ

発　行　所　株式会社産経新聞出版
〒100-8077 東京都千代田区大手町1-7-2 産経新聞社
電話　03-3242-9930　FAX　03-3243-0573
発　　売　日本工業新聞社　電話　03-3243-0571（書籍営業）
印刷･製本　株式会社　シナノ
電話　03-5911-3355

ISBN978-4-8191-1128-7 C0036

本書は3月11日から4月10日までの産経新聞のデータをもとに構成しています。
個別の表のデータについては、表に記載している日付のものです。